Time Perspective in Adolescence

青年期の
時間的展望

現在を起点とした過去のとらえ方
から見た未来への展望

石川茜恵 著 Akane Ishikawa

ナカニシヤ出版

まえがき

　次の質問は，「大学生のキャリア調査2013」（京都大学・電通育英会，2013）で用いられた質問である。
　「あなたにとって，就職や将来のことばかりが気になって今を生きていない，今が充実していないということがありますか。あてはまるものを1つお知らせください。」
　この問いに対して，「非常にある（9.6％）」，「まあまああある（25.9％）」と答えた大学生は全体で35.5％であった。大学生の約3人に1人が現在を生きることが出来ていないことを示しており，決して小さくない数字である。このような調査の結果をふまえると，青年が未来を見ることにはネガティブな面もあることが分かる。
　青年は未来に生きる存在，未来に向かう存在として扱われ，未来に希望を持ち，目標を持ち，それに向かって行動することが重要とされてきた。しかし，現代社会では未来への見通しを持つことが難しく，青年でなくても未来のことを簡単に決められる状況ではない。それにもかかわらず，青年は未来の出来事に対処するための様々な能力を求められている。大学では新入生ガイダンスという入学したての時点で，新入生に対して就職の話をするようになっている。このような状態ではさらに青年が現在を生きることが出来なくなってしまうだろう。
　青年が自分のペースで，現在をしっかりと生きる感覚を持ちながら自分の人生をつくっていくにはどのようにしたら良いのであろうか。本研究では，そのキーポイントとなるのが「過去」だと考えている。従来から「過去を水に流す」「失敗は成功の母」などの諺が存在し，また「過去のあの出来事があったから，今の私がある」といったようなエピソードは日常の中にあふれているといっても過言ではない。テレビ番組でも，逆境を乗り越えて成功した人のエピソードが取り上げられ，特集されることも多い。過去をしっかりと受けとめ，過去を

土台として現在を生きることで，未来を見ながら豊かな人生をつくっていくことが出来るのではないだろうか。

　本研究は，青年の現在という視点にたち，青年の思い描く未来を過去から見ていくことで，主体的に自分の人生を生きる青年の姿を明らかにしていこうとするものである。

目　次

まえがき　i

第1章　問題提起……………………………………………………1
　　第1節　青年における未来への見通しのなさと不安　1
　　第2節　青年期における時間的展望研究の流れ　3
　　第3節　青年の未来を過去からとらえる必要性　4
第2章　青年期における時間的展望研究の概観………………………7
　　第1節　青年期における未来への展望が現在の行動に与える影響　7
　　第2節　過去のとらえ方から見た未来への展望　14
　　第3節　研究の到達点と本研究の目的　32
第3章　尺度の開発……………………………………………………41
　　第1節　過去のとらえ方尺度の開発（調査1，調査2）　41
　　第2節　時間的関連性尺度の開発（調査3，調査4）　57
　　第3節　本章のまとめ　69
第4章　現在の状況によって規定される過去のとらえ方…………73
　　第1節　現在における充実感の程度による過去のとらえ方の違い（調査5）　73
　　第2節　現在における空虚感の程度による過去のとらえ方の違い（調査6）　76
　　第3節　現在の大学生活の過ごし方タイプによる過去のとらえ方の違い（調査7）　79
　　第4節　本章のまとめ　83

第5章　過去のとらえ方が未来への展望に与える影響……………85
　　第1節　過去のとらえ方タイプによる自己形成意識の違い（調査8）　85
　　第2節　過去のとらえ方タイプによる目標意識の違い（調査9）　92
　　第3節　過去のとらえ方タイプによる目標－手段関係の違い（調査10）　96
　　第4節　本章のまとめ　111
第6章　時間的関連性による現在・過去・未来の連関過程の検討‥113
　　第1節　現在の充実感の程度による時間的関連性の違い：面接法を用いた検討（調査11）　113
　　第2節　時間的関連性が現在における行動に与える影響（調査12）　117
　　第3節　本章のまとめ　123
第7章　過去・現在・未来の語り方による時間的展望の変化………125
　　第1節　過去・現在・未来の関連づけ方による時間的展望の変化：展望地図法と面接法を組み合わせた短期縦断調査（調査13）　125
　　第2節　本章のまとめ　146
第8章　討論および結論……………………………………………147
　　第1節　本研究で得られた知見　147
　　第2節　成果と討論　150
　　第3節　結　論　158

引用文献　161
謝　辞　167
付録　質問紙項目　169
索　引　177

第1章

問題提起

　第1章では，青年期の時間的展望を未来のみではなく現在，過去も同時に取り上げて検討する必要性を示す。第1節では，現代青年が置かれている社会的な状況を整理し，その中で青年が未来に対して不安を抱いている様子を示す。第2節では，青年期の未来を重要視し検討してきた時間的展望研究の流れを概観する。第3節では，青年期を対象とした時間的展望研究における不足点を指摘し，青年期の時間的展望を未来のみではなく現在，過去も同時に取り上げて検討する必要性を示す。なお，以下では「志向」「指向」の2種類の語を使用しているが，原則「志向」を用い，引用する際には引用元どおりとした。

第1節　青年における未来への見通しのなさと不安

■ 現代社会における未来への見通しの持ちにくさ

　青年期は就職や結婚といったライフイベントが間近に迫り，未来の出来事に関心が向けられる時期である。特に職業選択の際には，どのような職業に就くのか，何を重視して働いていくのか，いつまで働くのかなど，考えることは多くある。いつ結婚するのか，いつ子どもを持つのか，あるいは持たないのかなども，特に女性においては職業選択の際に重要になる。このような未来の側面は青年自身にとってはもちろん，青年期の発達課題としての職業選択（Havighurst, 1953）や自我同一性の形成（Erikson, 1963）においても重要視され，周囲が青年の行動を理解する際にも注目されてきた。

　しかし，現代社会は未来への見通しが持ちにくい社会と指摘されており，これからどう生きていくのかということを簡単に決められる時代ではなくなってきている。その要因として，価値観，進路選択，家族形態や性役割などが変化し，

そして多様化していること（笠原, 1977；溝上, 2010），情報化社会によって多くの選択肢があり，「参照する他者」が莫大に増えている（溝上, 2008）ことなどが指摘されている。また，自身のモデルとなる人物との出会いにくさ（笠原, 1977）や「モデルとなる大人」などの実際の他者との関わりが不足している点に関しても指摘がなされている（白井, 2003）。現代における他者との関わり方の変化も，青年に未来への見通しを持ちにくくさせる要因といえる。

　このような未来への見通しを持ちにくい現代社会の中で，青年は自分の人生を自分で形成していくことが以前よりも強く求められている。例えば大学生は大学生活を通して「社会人基礎力」（経済産業省, 2006）や「学士力」（文部科学省, 2008）といった能力を身につけることが求められているが，これらは青年の未来をつくるための能力といえるだろう。溝上（2004）は，現代大学生は「『自分は何をしたいのか』『将来どのような職業につきたいのか』『そのためにはどのような大人になりたいのか』といった具合に，自身の生き方を見いだし，それに見合った学業やキャンパスライフを送るよう迫られている」と指摘し，現代社会における青年期を「自己形成の時代」（溝上, 2010）と呼んでいる。

■未来に対する青年の不安

　このような社会の中で，現代大学生が自身の将来に対して不安を抱いていることが明らかにされてきた（京都大学・電通育英会, 2013；日本私立大学連盟学生委員会, 2011；内閣府, 2009, 2014）。例えば13歳から29歳までの男女を対象とした「平成25年度我が国と諸外国の若者の意識に関する調査」（内閣府, 2014）では，若者の「現在の悩みや心配事」として「自分の将来のこと」「お金のこと」「仕事のこと」等の項目で「心配」と「どちらかといえば心配」と答えた若者の割合が7割を超えていた。さらに，「働くことに関する現在または将来の不安」については，「十分な収入が得られるか」「老後の年金はどうなるか」「働く先での人間関係がうまくいくか」「そもそも就職できるのか・仕事を続けられるのか」「社会の景気動向はどうか」「きちんと仕事ができるか」の6項目で，「不安」と「どちらかといえば不安」と答えた若者の割合が7割以上を占めていた。また，日本私立大学連盟学生委員会（2011）の調査でも，就職への不安の中で，特に「就職できるかどうか」「自分の適性にあった職業を選べるか」

「就職すること自体」が上位を占めていた。このように，現在の悩みや心配事として一貫して「就職のこと」を含む「将来のこと」が高い割合を占めている。

さらに，京都大学と電通育英会が共同で行った「大学生のキャリア調査2013」では，「あなたは，自分の将来についての見通し（将来こういう風でありたい）を持っていますか。」に対して「持っている」と答えた学生は全体で67.6%，「持っていない」と答えた学生は32.4%であり，見通しの中で最も重要なものとしては「仕事・職業に関すること」が全体の50%以上を占めていた。さらに「その見通しの実現に向かって，今自分が何をすべきなのか分かっていますか。またそれを実行していますか。」という質問に対し，「何をすべきか分かっているし，実行もしている」と答えたのは全体で37.5%，「何をすべきかは分かっているが，実行はできていない」と答えたのは全体で17.4%，「何をすべきかはまだ分からない」と答えたのは全体で45.1%であった。

以上の調査からは，青年が将来に対して見通しを持っているものの不安を感じており，多くの青年が将来に向かって何をすべきか分からない状態にあることが分かる。溝上（2004）は，未来を思い描くことの難しさに加えて，その未来に向かって行動することの難しさも指摘している。

第2節 青年期における時間的展望研究の流れ

第1節で見たような青年の未来と現在の行動の関連は，特に時間的展望研究の中で検討されてきた。時間的展望とは「ある与えられた時に存在する個人の心理学的未来及び心理学的過去の見解の総体」(Lewin, 1951) であり，人間の認知，欲求・動機，感情など，人間行動に関わる全ての構成要素を含んでいる（都筑, 2007b）。Lewin (1951) は，青年期になると時間的展望が拡大し，遠い未来と過去の事象が徐々に現在の行動に影響を及ぼすようになり，さらに時間的展望に関する一定の分化が起こり，未来を表現している生活空間の部分において現実と非現実の水準が漸次分化してくるとした。そして，「未来の職業について今までの曖昧な着想の代わりに，計画しなければならなくなる。つまり理想と現実の双方に一致するような仕方で，時間的展望を構造化しなければならない」とした。

青年期を含め，時間的展望研究の概観は勝俣（1995），Nurmi（1991），白井（1997），都筑（1982），都筑・白井（2007）などによって行われてきた。都筑（1982）によれば，これまで時間的展望研究の中で最も多く研究が行われてきたのは長さ（extension）についてであり，その後，時間的展望研究の研究対象は，認知，感情的側面から欲求・動機的側面の検討へと移行し，さらに時間的展望の中身（都筑，1982）の検討へと移行してきた。その中で，青年は過去・現在・未来のうち未来を重要とするといった未来志向であること（Cottle, 1967；小野・五十嵐，1988；都筑，1999）が明らかにされ，さらに未来にどのような出来事を思い浮かべるのか（大橋・篠崎，1992；大橋・佐藤，1994），どのような目標を持っているのか（都筑，1999），また未来の特性として，青年が未来の側面をどのように意味づけているのか，抱いている目標は青年にとってどのぐらい重要なものなのか（尾崎，1999；都筑，1999）といった側面を明らかにする重要性が指摘され，検討されるようになってきた。

　青年が思い描く未来が現在の学業成績や行動，適応と関連することを示す知見も蓄積されてきている（安達・菅宮，2000；久木山，2005；Lens & De Volder, 1982；Markus & Nurius, 1986；Mello, 2008）。さらに，現在と未来の接続意識の有無によって青年の行動や適応が異なる点も明らかにされてきている（半澤・坂井，2005；溝上，2009；白井，1997）。このような時間的展望研究の知見は，キャリアを含め人生を形成していこうとしている青年を支援していくに当たり有用な知見となるであろう。例えば，下村・白井・川﨑・若松・安達（2007）は白井（1997）の結果をふまえ，キャリア形成支援では一般に「なりたい」自分を展望し，プランを立てて実行していくというアプローチが強調されるが，このようなアプローチはいつでも誰にでも適合するとは限らないとし，青年がどのような時間的指向性を持っているかによってアプローチの仕方を変えていく必要性を指摘している。時間的展望研究の知見は，青年の行動を理解する際や，青年のキャリア形成を支援する際に有用な知見を提示してきたといえる。

第3節　青年の未来を過去からとらえる必要性

　上述したように，これまでの時間的展望研究は青年にとっての未来の側面，

そして未来と現在の行動との関連を明らかにしてきた。しかし，時間的展望研究には大きく検討が不足している点がある。従来の研究においては，青年の未来，そして未来と現在のみが研究対象として取り上げられており，青年の過去という視点が不足している。これまでにも時間的展望研究では研究対象が未来に偏重し，過去に関する研究が少ない点が指摘されてきた（勝俣, 1995；奥田, 2002, 2003；Zimbardo & Boyd, 1999）。特に過去と現在，未来の側面を同時に検討した研究は少ない。

未来志向とされる青年期においても，青年が過去を頻繁に回想していること（Mello, Worrell, & Andretta, 2009；長田・長田, 1994）が示されており，さらに過去をどのようにとらえているかによって未来に対する意識が異なる点も示唆されている（Goldrich, 1967；日潟・齊藤, 2007；尾崎・上野, 2001；白井, 2001, 2010；横井・川本, 2008）。このような過去と未来の関係は，青年の未来の見通しを支援するための様々なワークにも取り入れられてきた。例えばMarko & Savickas（1998）では，Cottle（1967）の開発したサークル・テストを用い，青年に自身の過去・現在・未来を円で表してもらったあと，その円のつながりや大きさに関して考察するといったワークを行っている。また，日本でも安達・下村（2013）によってキャリアを構築するための様々なワークがまとめられており，その中に時間的展望の知見を応用させた「過去―現在―未来の結びつきを『見える化』する」（半澤, 2013）というワークが含まれている。このような大学生のためのキャリア形成支援では，過去を回想することに未来への展望を明確にさせるといった効果があることが示されている。しかし，青年がどのように過去をとらえているのかという点や，過去を回想することがなぜキャリア形成や未来を見通す際に有用なのかという点は，これまでの研究では十分に明らかにされていない。ただ単に過去の重要な出来事を振り返ることや，過去・現在・未来が意識の中で連続していれば良いのではなく，青年がどのように過去をとらえているのか，どのように過去・現在・未来を関連づけているのかという，その中身を明らかにしていく必要がある。

従来の研究は，青年が未来を志向し目標を持ちながら生きていることを前提として検討してきたといえる。しかし，青年の見ている自身の未来が過去や現在と連続している未来なのか断絶している未来なのかという点によって，青年

の現在の行動や生き方は大きく異なってくるだろう。青年の時間的展望を未来のみではなく過去をどのようにとらえているのか，そしてそのとらえ方の違いによって未来に対する意識がどのように異なってくるのかという点までを視野に入れて明らかにする必要がある。

第2章
青年期における時間的展望研究の概観

　第2章では，青年期を対象とした時間的展望研究を概観し，研究の到達点を明らかにし，本研究の目的を示す。第1節では，従来明らかにされてきた知見を概観し，青年期の時間的展望の特徴を整理する。また，現代青年に特徴的だとされる未来の側面に焦点を当てる。第2節では，まず青年の過去のとらえ方を整理し，次に過去のとらえ方によって未来への展望がどのように異なっているのか，次に現在の状況によって過去のとらえ方がどのように規定されるのかを整理する。そして，現在・過去・未来という3つの時間の連関過程を整理する。第3節では，青年期の時間的展望研究の到達点をまとめ，本研究の目的を示す。

第1節　青年期における未来への展望が現在の行動に与える影響

　本節では，まず1－1において青年期における時間的展望の特徴を整理する。次に，現代青年の未来への意識として「目標」や「やりたいこと」を志向する意識と自己形成意識に焦点をあて概観する。1－2では，青年の未来への意識が現在の行動を動機づけている点を示す。

1-1　青年期における時間的展望の特徴
青年期の特徴としての未来志向

　青年期を対象とした時間的展望研究はこれまでに多く行われてきており，概ね青年が未来志向であることを明らかにしてきた。

　Cottle（1967）によって開発されたサークル・テスト（Circles Test）は，時間的展望を複数の側面から検討する投影的な技法であり，日本でも多く使用さ

れてきた技法である（日潟，2008；白井，1989, 1996；都筑，1993, 1999）。サークル・テストは，「現在，過去，未来がそれぞれ円で表されると仮定して，あなた自身の過去，現在，未来の関係について，あなたが感じていることを最もよく表すように，3つの円を描いて下さい。描き方は自由です。異なる大きさの円を使っても構いません。描き終わったら，どの円が過去・現在・未来かわかるように書き入れて下さい。」（都筑，1999）という教示を用いて実施される。描かれた3つの円の大きさや相互の位置関係によって，時間的優位性（Temporal Dominance），時間的展開性（Temporal Development），時間的関連性（Temporal Relatedness）の3つの指標を取ることが出来る。先行研究では，時間的優位性と時間的展開性の指標において青年が未来志向であることを示す結果が得られている（Cottle, 1967；日潟，2008；白井，1989, 1996；都筑，1993）。時間的関連性では，Cottle（1967）のアメリカの大学生における結果と日本の結果は異なっていた。Cottle（1967）においては過去・現在・未来の円がほとんど接触していない時間的原子（Temporal Atomicity）に男性で60％，女性で65％の対象者が含まれていたのに対し，日本では概ね各時間の円が重なっている程度の高い時間的統合（Temporal Integration）にあたる群の人数が多くなるという結果が得られている（日潟，2008；白井，1989, 1996；都筑，1993）。

　都筑（1999）は，時間的展望における認知的側面を測定する模擬的自叙伝法を用いて青年の時間的展望を検討した。この技法は将来の時間的展望を自由に記述してもらうものであった。その結果，大学生の時間的展望の記述は全般的に順調で，悩みや葛藤のない単線型（1つだけの展望を記述した）タイプが多いことを明らかにした。この結果について，都筑（1999）は青年の時間的展望が未来志向的であることと符合するとしている。さらに，同調査では展望のタイプとして「模索型」「方針型」「タイムテーブル型」「獲得・開拓型」の4つが得られており，ほとんどの学生が「方針型」と「タイムテーブル型」に分類されていた。さらに都筑（2007a）は縦断的調査を行い，大学在学中から卒業後にかけての青年の時間的志向性を検討した。その結果，「時間的志向性は比較的安定しており，たとえ変化したとしてもそれほど大きな変動ではないといえる」と述べている。

　また，老年期における時間的展望の特徴との比較からも，青年期の時間的展

望の特徴が示されてきた。下仲 (1980) は文章完成法を用いて青年期と老年期の自己概念を比較している。過去および現在の自分について，老年群は肯定的な自己認識が見られるのに対して青年群では逆に否定的な自己認識が示された。一方で，未来の自己については青年群の方が肯定的に述べているのに対し，老年群は否定的なイメージを述べるものが少なくないのが特徴的であった。原田 (2002) が行った高齢者と青年の比較では，高齢者の方が青年よりも「時間全般に対する不足感」が低く，「現在の肯定的受容」と「時間的連続性への否定的態度」が高いことが示された。さらに，「未来の肯定的受容」を測定する項目のうち，目標や希望に関する項目では青年の方が高齢者よりも高かった。

　これまでも言及されてきたように，青年は未来を明るく思い描き，未来志向であり，未来を重視している側面が明らかにされてきたといえる。

様々な未来への意識と未来に思い描く出来事

　青年が自身の未来に対して持つ感情や意識には様々な側面があり，それらを測定するための尺度が開発されてきた (Husman & Shell, 2008；白井, 1997；都筑, 1999)。

　白井 (1997) は大学生を対象に時間的展望の過去・現在・未来に関して文章完成法を用いた調査を行った。「私にとって未来とは」に続けて文章を書くよう求め，得られた記述を分析した結果，未来は希望と目標指向の2つの次元においてとらえられることを明らかにした。また，調査の結果から，未来に関する下位尺度として「目標指向性」「希望」の2つを含む時間的展望体験尺度が作成されている。

　都筑 (1999) が作成した目標意識尺度は，時間的展望における認知的側面，感情・評価的側面，欲求・動機的側面の全てを測定できる尺度であり，「将来への希望」「将来目標の有無」「時間管理」「計画性」「将来目標の渇望」「空虚感」の6つの下位尺度から構成されている。

　Husman & Shell (2008) は時間的展望における未来の側面 (Future Time Perspective) を測定するための包括的な尺度，また十分な信頼性・妥当性を持った尺度がないとし，「速さ (Speed)」「長さ (Extension)」「価値 (Value)」「連続性 (Connectedness)」などの異なる側面を測定することが出来る尺度を

開発している。

　Worrell, Mello, & Buhl（2012）や Andretta, Worell, Mello, Dixson, & Baik（2013）は，未来に関して未来肯定（Future Positive）と未来否定（Future Negative）の2側面から測定することの出来る青年時間的態度尺度（ATAS；Adolescent Time Attitude Scale）を使用し，青年の時間的展望の特徴を検討している。

　以上のような尺度による未来への意識の検討の他，青年が思い描く未来の内容的側面も検討され，明らかにされてきた。大橋・篠崎（1992）は，青年が「将来の転換点」として何を考えているかという点を調査した。その結果，「就職」「結婚」「子どもの誕生」「定年退職」が転換点として挙げられる頻度が高かった。また，青年が今後の人生において「得る」転換点と「失う」転換点の2つを考えていることを明らかにした。さらに，頻度の高い転換点の前にしなければならないこと，前にしかできないこと，後にしなければならないこと，後にしかできないこと，の4つに関して自由記述で回答を求めた結果，「就職」の前にしなければならないこととして「就職に役立つ勉強」「社会人になる準備」「卒業」「レジャー」，「結婚」の前にしなければならないこととして「結婚相手をみつける」「経済力をつける」「異性と交際する」「就職する」，「子どもの誕生」の前にしなければならないこととして「経済力をつける」「育児のための環境作り」といった回答が得られた。

　都筑（1999）が大学生を対象に目標の調査を行った結果では，「自立」「職業」「教育」「生き方」「家庭」「免許資格」「対人関係」「余暇」「旅行」「健康」といった目標が挙げられていた。さらに都筑（2007a）が行った調査では，「余暇」「教育」「職業」「家庭」「自立」「対人関係」「老後」「生き方」「資格」といった目標が挙げられていた。

　以上の調査からは，青年期における未来の側面が希望や目標意識を中心にとらえられること，就職などの職業選択や，結婚，子どもを持つといった家庭に関する出来事や目標が青年にとって重要であることが分かる。

現代青年における「やりたいこと志向」・「自己形成意識」

　現代社会に生きる青年は，「やりたいこと」や「将来の目標」に基づいて人生

形成を行っていると指摘されている（溝上, 2004, 2010）。労働政策研究・研修機構（2006）が行った調査では,「やりたいこと」を中心に就職活動をし,また「やりたいこと」によって就職活動をうまく進めることが出来ず悩んでいる青年の姿が示されている。

　安達（2004）は現代青年に特徴的なキャリア意識として「適職信仰」「受身」「やりたいこと志向」の3つを取り上げ調査を行った。その結果,「適職信仰」と「やりたいこと志向」の得点が高く,「受身」の得点が低くなっていた。そして, この3つの意識が職業未決定の意識に与える影響を検討した結果,「適職信仰」は「職業未決定」意識を抑制し,「受身」が「職業未決定」に結びついていた。

　また, 青年期には自己形成意識や自己変容意識が高まることも明らかにされており, 青年を理解する際に重要な概念となっている。溝上（2011）は,「青年期の自己の変化には, ある特定の方向性を持って変化すること, すなわち自己発達よりも…（略）…主体的, 個性的に『形作る』を強調する自己形成のほうが重要な働きを持つ」とし, 自己形成を日々の生活や活動の水準で促進させるメタ的なモード（様式）である「自己形成モード（Self‐formation mode）」を提起し, 探索的・実証的に検討を行っている。その結果,「時間的展望活動」「将来基礎活動」「非時間的展望活動」の3種類のモードを見出している。「時間的展望活動」は目標指向的であり,「非時間的展望活動」は非目標指向的なモードとされる。また,「将来基礎活動」は「明確な将来展望を持っていなくても未来志向であり, そのような自己形成活動が未来につながる, 未来をつくると信じてのもの」とされる。山田（2004a）でも, 青年が現在行っている活動は, 大きく目的的自己形成活動と非目的的自己形成活動に分けられている。

　千島（2014）では, 調査対象とした8割以上の大学生が自己変容に対する志向性を持つことが示されており, 自己変容に対する志向性の諸側面は「懐古志向」「変容追求志向」「一新志向」「改善志向」「憧憬志向」「確立志向」「模倣志向」「全面変容志向」「展望志向」の9つに整理されることが確認されている。このうち「一新志向」「全面変容志向」「展望志向」は自尊感情と負の相関が得られており, 自己変容に対する志向性にはネガティブな側面を持つ志向性があることが明らかにされている。

水間（2002）は自己形成意識に関する下位概念として「否定性変容志向」「理想自己志向性」「自己成長志向」を取り上げ，相互間の関係および各概念の特徴を検討し，自己形成意識の構造について明らかにすることを目的に研究を行った。その結果，対象を要する「否定性変容志向」および「理想自己志向」は，いずれも自己形成を志向するものという性質の点では共通しているが，その意識の構造はおそらく異なるであろうということ，つまり，肯定性の文脈において「なりたい自分になろう」という気持ちと，否定性の文脈において「いやな自分を変えよう」という気持ちとは，意識構造を異にするものであることが明らかにされた。また，「成長志向」と「優越志向」からなる自己形成意識における成長志向は，「理想自己志向」と「否定性変容志向」と有意な正の相関が得られていた。

青年の未来への意識には，目標といった明確な未来への意識だけではなく，より広く抽象的な自己形成意識がある。自己形成意識は従来から青年の自己に関わる意識として研究対象とされてきたが，「自己形成の時代」（溝上，2010）と呼ばれる現代社会を過ごしている青年にとってより重要な意識といえる。

■ 1-2　未来への展望が現在の行動に与える影響

1 − 1 で見てきたような将来展望や目標などの未来の側面は，現在の行動を動機づける（Husman & Lens, 1999）点で重要である。このような未来に対する意識を持つことが，実際の行動を促している点や適応と関連している点が明らかにされてきた（久木山，2005；Lens & De Volder, 1982；Mello, 2008；山田，2004a）。例えば Lens & De Volder（1982）では，高校生を対象とした研究において，高い成績平均点（Grade point averages）を取っている生徒，また学業に対して時間や努力をつぎ込んでいる生徒は，遠い未来の目標に対して高い価値をおき，学業に取り組むことを遠い未来の目標（Distant future）や現在の目標（Open present）を達成するための手段としてとらえていることを明らかにした。Mello（2008）は，青年が予測している最終的に達成する学歴と職業的な予期が，その後の達成（実際の最終的な学歴と就いた職業）を予測するのかどうか，男女差について検討した。その結果，男女ともに概ね職業意識が現実に就いた職業に影響を与えていた。山田（2004c）は理想自己の実現に対して向かっ

ていきたいとする意欲側面と実際に向かっているとする行為側面からなる「理想自己志向性」を測定し，この2側面と適応感から自己形成のタイプを作成し，理想自己実現のための方略，実行率に関して検討を行った。行動の側面に焦点を当てると，自己形成的である青年は具体的な方略を有しており，さらに適応的である青年は実行率も高いという結果が得られていた。さらに，青年の社会的スキル改善意欲について検討した久木山（2005）では，社会的スキル改善意欲を持つことによって社会的スキルの改善が可能であることが示唆されている。また，社会的スキル改善意欲は自己形成の一環および対人的関心に基づいた「より良い自分」への接近への志向が存在するときに高いことが考えられると考察している。

　さらに，未来への意識のみではなく，現在と未来を接続する意識が現在の行動や適応と関連していることも明らかにされてきている。溝上（2009）は大学生活の過ごし方をもとに大学生のタイプ分けを行い，このタイプと将来の見通しとの関係を検討した。その結果，「よく遊び，よく学ぶ」タイプの学生は他のタイプに比べて将来展望を高く持つだけでなく，それを日常ともよりつなげている点を明らかにした。白井（1997）は未来と現在の結合といった観点から時間的指向性のタイプ分けを行い，ポジティブな未来指向，ネガティブな未来指向，ポジティブな現在指向，そしてネガティブな現在指向といった時間的指向性の違いが，個人の職業選択行動に異なる影響を与える点を明らかにした。現在と関連づけられたポジティブな未来指向は職業的目標が明確であり，目標の実現に対して現実的な努力をしていた。未来と関連づけられたポジティブな現在指向は，職業的目標の実現は現在の活動の結果であり，現在は職業的目標の追求だけの場ではなく，現在それ自体が大切であるとみなしていた。現在と切り離されたネガティブな未来指向は，逃避的に未来を指向するために，希望はあるが職業的目標が漠然としており，現実的な努力に欠けていた。未来と切り離されたネガティブな現在指向は職業的目標が明確でなく，過去や未来が考慮されることもない傾向が認められた。さらに，白井（1997）は実証的な研究を通して日本における個人の時間的展望の生涯発達の様相をまとめ，青年期の自我同一性の達成には，社会的自立という目標を目指した行動が重要になるため，現在と結合したポジティブな未来指向への変化が必要であると指摘した。半

澤・坂井（2005）では，大学生における学業と職業の接続に対する意識と大学適応の関係が検討されている。その結果，学業と職業の接続を理想とする群においては，その接続に対する理想と現実のズレが職業レディネスや目標意識，学業・授業意欲低下といった大学生の適応に関する指標と関連を持つ傾向があり，学業と職業の接続を理想とはしていない群においては，接続に対する理想と現実のズレは彼らの適応とは関連していないことが示された。

以上の研究から，未来への意識は現在の行動を動機づけるが，特に未来と現在が青年の意識の中でポジティブに接続されている場合に，より現在の行動が動機づけられていると考えられる。

第2節　過去のとらえ方から見た未来への展望

第1節で見てきたように，これまでの時間的展望研究は青年の未来を明らかにしてきた。このような青年期の未来への展望は，過去をどのようにとらえているのかという点によって異なる点が示唆されている。以下では，まず2－1において青年が過去をどのようにとらえているのかを明らかにし，2－2では過去のとらえ方によってどのように未来展望が異なるのかを整理する。そして，2－3でこのような過去のとらえ方が現在という時点によってどのように規定されるのかを整理する。最後に，2－4で時間的展望の変化を過去・現在・未来の関連から整理する。

■2-1　青年は自身の過去をどのようにとらえているのか
青年における過去のとらえ方：過去のみに焦点を当てたとらえ方

時間的展望研究においては，過去に対する感情・評価的側面は「過去受容」（白井, 1994, 1997）によって測定されることが多かった。この他にも，感情・評価的側面は，ポジティブかネガティブかといった一次元的な指標でとらえられてきた（Nuttin & Lens, 1985；杉山・神田, 1991；都筑, 1999；Weinstein, Deci, & Ryan., 2011；Worrell et al., 2012；Zimbardo & Boyd, 1999）。しかし，過去に焦点を当てた先行研究からは，青年が過去をどのようにとらえているのかという点に関して様々な側面があることが見出されている。

過去への態度に関して研究を行った横井・川本（2008）は，過去への態度として「過去への否定的評価」「過去への否定的とらわれ」「過去の開示」「回想への肯定的態度」の4因子を抽出している。

　谷（2001）は，国語発想論的観点から過去に関する日本語の時間表現に着目した。調査データの分析を通して，日本人における過去展望の構造・特徴などを検討することを目的とし，「日常日本語による過去展望質問項目」を作成した。過去展望質問項目を因子分析した結果から，「かたづかない」「かえりみる」「あとさき」「つながり」の4因子を見出し，前者2因子を主要因子としている。谷（2001）は，「かたづかない」を，過去の出来事がかたづいておらず，物語としての筋が通っていないために，他者に過去を語れない状態を示すとした。また，「かえりみる」は，回想，反省，後悔，回帰，くりかえし，などの多義的な広がりを持ちながらも，それらが全て「かえりみる」という言葉において有機的結びつきを持った構成概念と考え得るかもしれないとしている。「かたづかない」と「つながり」の間には負の相関があり，過去が「かたづかない」ほど「つながり」を持てないことが示唆されている。また，過去を「かえりみる」こと，「つながり」を感じることは，過去を振り返ることに肯定的意味を感じることと正の相関があった。

　杉山（1994）は中学生を対象に時間的展望に関して研究を行い，時間的展望の側面として「過去・現在・未来に対する不満足」「未来志向性」「過去志向性」の3因子を見出した。この結果から，過去に戻りたいとか，早く未来に行きたいという時間次元に対する志向性は，過去や未来に対する態度と同一次元の存在ではなく，他の独立した側面であることが示唆されるとした。

　回想に関して研究を行った野村・橋本（2001）は，「回想の情緒的性質」および「過去のネガティブな出来事を再評価する傾向」を測定する尺度を作成した。また，高齢者を対象とした面接調査における「ポジティブまたはネガティブな感情や認知をともなう回想」に関するコメントから「肯定的回想尺度」「否定的回想尺度」を作成した。「肯定的回想尺度」は回想することによっていい気分になったり良かったと思う程度を表す指標であり，また「否定的回想尺度」はその逆であるとされる。青年においては，ネガティブな出来事の再評価傾向は適応度と正の関連を持っていた。

野村・橋本（2001）におけるネガティブな出来事の再評価傾向と類似した意識は，質的調査においても見出されている。例えば，「過去のとらえ直し」（日潟・齊藤，2007），「ネガティブな経験の意味づけ」（松下，2005, 2007, 2008），「転機」（杉浦，2001），「ストレスに対する意味の付与」（宅，2005），「過去の出来事の意味づけ」（山田，2004b）などが見出されており，これらは現在において，出来事を体験した当時とは異なる意味づけをしていることを示している。

他に，過去をとらえる際の価値的な側面として，「時間的優位性（Temporal Dominance）」（Cottle, 1967），「時間的指向性」（白井，1997），「時間的信念」（白井，1997），「志向性」（杉山・神田，1991）がある。これらは概ね過去・現在・未来という時間のうち，どの時間に価値を置くのかという側面を示している。

以上のように，過去の側面を測定しようとした尺度からは，過去に対してポジティブかネガティブかといった一次元的な感情的側面，過去にとらわれている意識，過去を回想することに関わる意識などが共通して見出されてきている。また，主として質的調査において，現在時点から過去をとらえ直す，過去の出来事を意味づける意識が見出されてきている。過去をとらえる意識には複数の側面があることが分かる。

過去と現在を関連づける意識

以上見てきた過去のとらえ方は，過去のみをとらえる意識が中心であった。この他にも，過去をとらえる際に，過去を現在との関連でとらえる意識も見出されてきている。

例えば質的研究では，過去のとらえ方として「連関」といった過去と現在を関連づけるような意識が見出されてきた（白井，1997）。このような連関の意識は，サークル・テストの時間的関連性（Temporal Relatedness）（Cottle, 1967）によって検討されてきたといえる。この他にも，「時間的資源」（日潟・齊藤，2007），「時間的な連続性」（杉山・神田，1991），「つながり」（谷，2001），「接続（Connection）」（Weinstein et al., 2011）などは，過去・現在・未来がどのようにつながっているのか，連続した意識を持っているのかという点を示している。現在時点から過去をとらえ直す，意味づける意識と重なる部分も見られるが，「現在から」過去を意味づける意識ではなく，「過去と現在の関連」をとらえた

り,「関連から」とらえるという点で両者は異なっている。

　McAdams, Diamond, Aubin & Mansfield（1997）や McAdams, Reynolds, Lewis, Patten & Bowman（2001）などのライフストーリー研究では,取り戻し配列（Redemption Sequences）,悪影響配列（Contamination Sequences）という2種類の過去の出来事の語り方が見出されている。前者は悪い過去を現在において肯定的にとらえ直している語りの様式であり,後者は良かった過去の後に悪い出来事が語られる様式である。取り戻し配列（Redemption Sequences）には,犠牲（Sacrifice）,回復（Recovery）,成長（Growth）,学び・気づき（Learning）,改善（Improvement）といった5種類が見出されている。

　このような過去の出来事と現在の関連は,山田（2004b）,奥田（2008）,小野・五十嵐（1988）の研究からも推測できる。山田（2004b）におけるライフヒストリーグラフを用いた検討では,過去の出来事経験当時の意味づけから現在の意味づけへの変化が見出されている。また,奥田（2008）による過去・現在・未来への満足度の相対的関係から青年を分類した研究や小野・五十嵐（1988）による過去・現在・未来への展望がポジティブかネガティブかによってタイプ分けを行った研究の結果として得られたタイプからも推測される。例えば小野・五十嵐（1988）における過去がポジティブで,現在がネガティブで,未来もネガティブであるタイプ（＋－－）は,悪影響配列（Contamination Sequences）と類似した側面を持つといえる。

　小田部・加藤・丸野（2009）は傷つき体験の長期的影響を調査した結果,自己の変化（「家でも学校でもほとんど喋らなくなった」「性格がゆがんだ」「体のことを気にするようになった」）,対人関係の変化（「人間不信になった」「それ以来女性が怖くなった」）,侵入（再体験）（「その時のことを思い出してしまう」）,回避（「しばらくは避けていた」）,不快感情の生起（「同じような人を見るとイライラしてしまう」）,身体化（「頭痛や腹痛が引き起こされた」）,その他（「一部記憶の欠落」「忘れることはない」）があることを明らかにした。また,ポジティブな影響（「乗り越え自信がもてた」「抗体ができた」）もわずかだが見出されている。

　小沢（2002）はある学生の授業レポートを分析し,「やらなければならないことで生きてきた高校時代は行動,活動の基準が自分の外にあった。解放感のあ

る大学時代は，活動の基準を自分に置くこと，自分の興味関心という欲求に置くこと，つまり，やりたいことに置くことという転換が生じたといえる」と述べている。また，「『居場所』という言葉を使うと，これまでの居場所で得られなかったものを，次の居場所では求めるのである」と述べ，これを居場所の「相補性」と名付けている。この「相補性」というとらえ方も，過去と現在をどのように関連づけているのかという点を示しているものといえる。

まとめ：青年期の過去のとらえ方を検討する際の問題点

　以上をまとめると，青年における過去のとらえ方には様々な側面があることが分かった。また過去と現在の関連をとらえる意識も存在していた。過去のとらえ方と，過去と現在をどのように関連づけるのかという意識は異なる意識であると考えられるが，これまで明確に区別され研究が行われることはなかった。尾崎・上野（2001）が青年の失敗・成功経験を検討した研究では，全体としては過去の成功経験は現在や未来にプラスの影響を持ち，失敗経験はマイナスの影響を持つ傾向が示された。しかし，両者の関係はそれほど単純なものではなく，失敗経験が現在や未来にプラスの影響を持つ場合や，また，少数ではあるが，成功経験が現在や未来にマイナスの影響を持つ場合があるなど，成功・失敗経験は個人によって多様な意味づけを持っていた（尾崎・上野, 2001）。また，日潟・齊藤（2007）では，過去受容の低かった「展望低群」や「未来高群」においても，過去のとらえ直しが行われていることが推測されている。さらに，山田（2004b）や宅（2005）では，過去の出来事として「死別体験」などの，出来事自体には肯定的な意味を付与出来ないものが見られている。しかし，その出来事が自分にとってどのような意味を持つかを考えることで，とらえ方が必ずしも否定的でない場合が見出されている。また，喪失体験といったネガティブな体験からの回復過程においても，ネガティブにとらえていた喪失体験をポジティブにとらえ直す過程が示されている（武井・嶋田・鈴木, 2011）。これらの研究からは，過去の出来事や事実における肯定性や否定性といった側面と同時に，過去の出来事と現在をどのように関連づけているのかという点を把握することで，青年の過去のとらえ方をさらに正確に理解できる可能性を示している。したがって，本研究では，過去のとらえ方と過去と現在の関連をとらえる

意識を分けて検討する。青年が過去をどのようにとらえているのかという側面と，過去と現在の関連をどのようにとらえているのかという側面の違いによって，未来への展望は異なってくるだろう。

しかし，これまでの研究には両者を検討する際に方法的道具に関して3つの問題がある。第1に，過去への意味づけや過去と現在の関連をとらえる意識は質的研究において多く見出されており，尺度としては構成されていない。また，尺度として構成されていても，妥当性が検討されていない（日潟・齊藤, 2007；杉山・神田, 1991；谷, 2001；Weinstein et al., 2011），項目数が少ない（杉山・神田, 1991；Weinstein et al., 2011）など，作成された尺度に問題がある。第2に，過去のとらえ方を多様な側面から同時に測定できる尺度はほとんどない。Zimbardo & Boyd（1999）が作成した時間的展望に関する尺度のジンバルドー時間的展望尺度（ZTPI；Zimbardo Time Perspective Inventory）やWorrell et al.（2012）の尺度は，過去に関して2側面から測定できる尺度であるが，過去に対してポジティブかネガティブかという一次元的な指標に近く，また過去に対する意識を包括的にとらえようとしたものではない。第3に，青年が過去をどのようにとらえているのか，過去と現在の関連をどのようにとらえているのかを直接聞いた研究は見られない。近いものとして，白井（1997）の行った「私にとって過去とは」に続けて文章を書くよう求める文章完成法を用いた研究があるのみである。過去をどのようにとらえているのか，そして過去と現在の関連がどのようになっているのかを明らかにするのであれば，それらを抽出することが出来るような聞き方で聞く必要がある。

個人の経験する過去の違いをどう考慮するか

過去のとらえ方に関する問題として，個人の経験する過去の違いが挙げられる。例えば，もともと恵まれた環境にある個人と恵まれない環境にある個人とでは，経験する出来事に差が生まれる可能性がある。しかし，大石・岡本（2010）や伊藤・上里（2002）の研究から，過去の出来事の差よりもその出来事に対するとらえ方や態度の方が希望や抑うつといった側面に対して影響が強く，重要である点が示唆されている。このような知見は「傷つき体験」による心理的影響のプロセスを検討した小田部（2011）でも示されている。小田部（2011）

はモデルを検討した結果から,「傷つき体験の心理的影響プロセスにおいて, 傷つきの程度そのものよりも, 体験がどのように処理されどのような記憶表象として残るかが重要である」と述べている。したがって本研究では, 特定の過去の出来事を取り上げるのではなく, 個人が自身の過去の出来事をどのようにとらえているのかという意識に焦点を当てて扱っていく。

2-2 過去のとらえ方から見た未来への展望

　青年の過去のとらえ方には複数の側面があること, また過去と現在の関連をとらえる意識が存在していた。未来への展望は過去のとらえ方によって異なることが示唆されているが, どのように過去をとらえたとき未来への展望に肯定的な影響を与えるのかといった関連の内容は明らかにされていない。以下では, 過去のとらえ方と未来への展望の関係についての知見を整理する。まず, 過去を回想すること自体が未来への展望に与える影響を整理する。次に, 過去と未来を同時に扱った研究で行われた相関分析やクラスタ分析の知見を整理する。最後に, 過去への意味づけ方と未来への展望を扱った研究を整理する。

過去を回想することが未来への展望に与える影響

　過去を回想することには未来への展望を肯定的に変化させる効果があることが示唆されてきている。園田 (2011), 白井 (2001, 2010), 山田 (2004b) の研究は調査協力者の時間的展望を変化させようとする試みを含んでおり, 調査の結果, 個人の時間的展望がどのように変化しているか, またどのような効果があるかを検討している。

　白井 (2001) は, 青年の進路選択という将来の検討に関する領域でも過去を問い直すことは有用であるとし, 回想展望法という方法を用いて検討している (白井, 2001, 2010)。回想展望法とは,「小さいときから順に, 将来大きくなったら何になりたいと思っていたか」を想起させ,「その一貫性やスタイルを読み取り, 発表し合う」方法である。ここでは, 職業選択について, その「年齢」「職業」「きっかけ」「動機」「そのために何をしたか」といった項目から構成される表を完成させることが求められている。その結果, 学生は回想の発表を行った講義が自身の目標・計画性, あせり・関心, 自己肯定・自己理解といっ

た進路選択意識を高めたと認知していた（白井, 2001）。

　山田（2004b）は「現在を起点として過去‐現在‐未来それぞれの時間次元に見られる青年の自己形成の様相」を「ライフヒストリーグラフ」という方法により「出来事とその意味づけ」といった視点からとらえ，さらにその効果について検討を行った。その結果，「グラフの作成は，過去から現在にかけての自己理解の契機を促すということに加え，現在から未来に向けての自己形成意識をも促すといったことが可能性として示された」と述べている。

　園田（2011）は大学生を対象に展望地図法と時間的展望の関連について検討を行い，展望地図法により展望地図を作成することにより時間的展望を高めることを実証している。展望地図法は「自分自身に関する記述を時間軸に沿って空間的に配列し，過去・現在・未来の自分がどのように関連しながら変化していくかを視覚的に確かめる技法」とされ，Cottle（1967）のサークル・テストと同様の発想を持つ（園田, 2011）。展望地図の作成（園田・森川, 2005；園田, 2011）に取り組み，自分の地図について他者に向けて説明するというワークを経た結果，時間的展望が肯定的に変化していた。

　佐藤（2000）は教師にまつわる思い出を調査し，教職課程を取っている大学生に自分が想起した出来事の中で，その後の自分の行動，習慣，考え方，進路選択に影響を及ぼしたと思われる出来事を選択させ，どのような影響であったかを記述してもらった。教職志望意識の高い学生では，教師になりたいと思ったきっかけ，こういう教師になりたいというモデルとなった，という影響を指摘した人数比が高く，学習・行動・性格面での否定的な影響を指摘した人数比が低かった。教職志望意識の高い学生では，教職に就きたいという方向に動機づけられている可能性が推測された。一方で，教職志望意識の低い学生では，教師や教職に対して否定的な見方をするようになったという影響を指摘した人数比が他の群より高く，教職を志望するきっかけとなったという影響を指摘した人が少なかった。教職志望意識の低い学生は，教職に就きたくないという方向に動機づけられている可能性が推測された。

　奥田（2004）でも，職業選択過程において大学生が「自己分析」という形で過去の自分を振り返り，それをもとに自分の適性や希望する職業を選択する傾向が明らかにされている。奥田（2004）の振り返りは，就職活動を目前にした

大学生にとって有用といえる。谷（2001）において得られた，過去を「かえりみる」ことが過去を振り返ることに肯定的意味（自分を見出したり，自分の行動や考えをあらためることや，これからのことを考えるのに役立つといった意識）を感じることと，正の相関があった点と同様の結果といえる。

過去と未来を同時に扱った研究における相関分析・クラスタ分析

　量的な研究における相関分析の結果では，過去・現在・未来への感情や態度の間には概ね正の低い相関がある点が見出されてきた（Andretta et al., 2013；下島・佐藤・越智, 2012；飛永, 2007；都筑, 1999；Zimbardo & Boyd, 1999）。

　過去・現在・未来への態度などの得点を用いてクラスタ分析を行った研究では，複数の時間的展望タイプが得られている。日潟・齊藤（2007）では，大学生において，展望高群，展望低群，過去高群，無関心群，未来高群という5群，Andretta et al.（2013）では，バランス群（Balanced），悲観主義（Pessimists），肯定群（Positives），否定群（Negatives），楽観主義（Optimists）という5群が得られている。都筑（2007a）が目標意識尺度（都筑, 1999）の6下位尺度と時間的態度尺度の3下位尺度の得点を用いてクラスタ分析を行った結果では，空虚群，現実的展望群，現在重視群，展望不明瞭群，空想的展望群の5群が得られている。これらの研究では，ある程度共通した特徴を持つ群が得られている。得られた群を見ると，過去・現在・未来への態度の得点の分布は，過去への態度がポジティブであれば未来への態度もポジティブであるといった特徴を持つとは限らなかった。相関分析やクラスタ分析の結果は，心理学的な過去と未来の関係が単純な関係ではない点を示している。

過去への意味づけ方と未来への展望

　過去のネガティブな出来事，また出来事をどのように意味づけるかという側面は，未来の側面と関連を持つ点が示唆されている。

　松下（2005）は大学生を対象に質問紙調査を行い，ネガティブな経験（「今まで生きてきた中で，辛かったり嫌だったりした経験」）の意味づけ方について「そのネガティブな経験は自分にとってどのようなものだと思うか」という教示から問い，当時（過去）・現在・これから先（未来）にわたる時間軸による意

味づけの変化からとらえることによって,「苦悩継続型」「未来希望型」「忘却楽観型」「成長確認型」の4タイプを見出している。さらに松下（2007）は,成長確認型のタイプは苦悩継続型と忘却楽観型よりも肯定的な未来志向の得点が高く,また新奇性追求の得点も高いことを明らかにした。

　日潟・齊藤（2007）は未来展望の発達に影響を与えるものとして「個人の時間的展望内での過去や現在との関わり」を挙げている。そして時間的展望のタイプとして得られた5群間で,どのような出来事を想起したかを検討した。その結果から,高校生,大学生ともに具体的な体験を想起し,過去体験のとらえ直しが出来るか否かが未来の時間的態度に影響を与えることが示唆されたと述べている。

　速水・陳（1993）,速水・高村・陳・浦上（1996）は,感動体験が青年の発達に与える影響の一つとして動機づけ機能を見出した。戸梶（2004）も「自分の何かを変えた感動的な体験」に焦点をあて,その際の変化のメカニズムについて詳細に検討している。その結果,感動の効果の一つとして「やる気」「肯定的思考」「自立性・自主性」「自己効力」といった動機づけに関連した効果を見出した。また,その感動の特徴として,動機づけに関連した感動には「自らの努力や苦労が報われた・達成した」という内容が一貫して含まれていたことも明らかにされた。

　横井・川本（2008）は過去に関する研究を概観した結果から「過去と現在との連続性を保ちつつ,過去の自己を『過去化』し,過去を内省できるようになったとき,すなわち,過去の受容が可能になったときに,人は成長を遂げると考えられよう」と述べている。白井（2008b）においても,「過去を受け入れて現在に統合できる場合」には「過去を過去化」できる点が示唆されている。

　喪失体験経験後の回復過程における認知的および行動的な変化の特徴を明らかにすることを目的とした武井ら（2011）では,その回復過程には「事実の認識」「ネガティブな感情や考え」「悲しみや苦痛への対処行動」「ネガティブな状態からの変化」「前向きな変化」「動揺」といった共通した変化があることを見出している。さらに,「ネガティブな状態からの変化」には,「周囲の優しさの認識」「他人へ話す」「直面化,行動の獲得・活性化」「気持ちの整理」などの下位カテゴリーが含まれていた。また「前向きな変化」には,「前向きな姿勢」「周

囲への感謝と気遣い」「受容」「意味の発見」「ポジティブな回想」の下位カテゴリーが含まれていた。これらのカテゴリーは，ネガティブにとらえていた喪失体験をポジティブにとらえ直す過程を表している。喪失体験というネガティブな体験の後に前向きになるには，過去に向き合い，出来事を自分なりに整理すること，そして過去を受容し意味を発見することが重要であるといえる。

大石・岡本（2010）は，青年の「挫折経験過程」における「挫折経験」以後の心理状態像として「衝撃」「納得」「情緒的混乱」「自己不信感」「否認」「努力」「自信の回復」「客観的視点の獲得」「自分自身への直面化」「責任感」「現状の満足」「肯定的意味付け」「否定的意味付け」といった13の心理状態があることを明らかにした。さらに，挫折経験のとらえ方によって肯定的意味付け群と否定的意味付け群に分けて希望との関連を検討した結果，否定的意味付け群では未来のとらえ方において「『終わりからの逆算』を考え積極的に課題に取り組めておらず，『連続性』『目標の明確化』『長期的見通し』がみられない」点が示唆されている。「否定的意味付け」は「挫折経験自体に否定的な意味付けをしたり，経験自体を抑圧して自己に位置づけられていない状態」とされている。一方で「肯定的意味付け」は「挫折経験での自分の頑張りを認めるとともに，経験を自己に位置づけ今後に活かすことを考え連続性を認識している状態」とされる。

まとめ

以上の研究から，過去をどのようにとらえるかという点と未来への展望の関係について次の3点がいえる。1点目は，関係の内容についてである。過去を回想すること，また過去・現在・未来を可視化させることには，未来への展望を肯定的に変化させる効果がある。さらに，過去と未来の相関分析およびクラスタ分析結果からは，過去と未来の関係は，一方が肯定的であればもう一方も肯定的であるというような単純な関係ではないことが読み取れた。そして，過去の出来事を肯定的なものとしてとらえ直すことや，現在の自己に連続しているもの，現在の自己につながるものとしてとらえることが未来への展望に肯定的な影響を与えていた。

2点目は，過去をとらえることと未来への展望の関係に含まれる変化過程についてである。白井（2001），山田（2004b），園田（2011）では，過去を振り返

るという作業の後に未来への展望の変化が示されている。また，武井ら（2011）や大石・岡本（2010）では，回想法を用いて過去の喪失体験や挫折経験の後に起こった変化過程を検討している。過去のとらえ方が変化したことによって未来への展望がどのように変化していくのかという変化過程を実際に検討していくことで，過去をとらえることと未来への展望の関係をより明確に明らかにしていくことができるだろう。

　3点目は，過去のとらえ方が変化する要因としての「他者」についてである。白井（2001）や園田（2011）の研究では，過去を振り返ったり，過去・現在・未来を可視化させたあと，他者に向けて説明や発表する過程が含まれていた。武井ら（2011）や大石・岡本（2010）では，ネガティブな過去の出来事のとらえ方が変化した要因として「他者」の存在が示されている。山田（2004b）においても要因の一つとして「他者というファクター」が見出され，最も重要な要因とされている。松下（2008）でも，つらい時期の対処の仕方として，「別のことをする」「考えすぎないようにする」「経験を糧にしようと考える」「解決に向けて考える」「人に話す」「人に支えられる」の6つが見出されており，他者の存在が示されていた。「他者」という要因は，過去のとらえ方を変化させ未来への展望が肯定的になっていくプロセスに影響を与える一因と考えられる。

　以上まとめられた過去のとらえ方と未来への展望の関連は，個々の研究において示唆されてきたものの，必ずしも過去のとらえ方が未来への展望に与える影響を検討しようとしている研究ではなかった。過去のとらえ方が未来への展望にどのような影響を与えるのかという点は検討が不十分であり，推測にとどまっている。変化過程に関しても，時間的展望を変化させようという研究や質的な研究以外では考慮されていない。そして本研究で整理されてきた過去をとらえる意識と，過去と現在の関連をとらえる意識も混在している。過去のとらえ方や過去と現在の関連をとらえる意識を量的に測定する道具が開発されていないことから，まず道具の開発を行い，次に未来への展望との関連を検討し，知見を積み重ねていく必要がある。

■ 2-3　現在が過去のとらえ方に与える影響

　以上述べてきた，過去をとらえることや未来への展望を持つことは，現在を

起点としている（Frank, 1939；白井, 2008a；都筑, 1999）。白井（2008a）は，過去・現在・未来に関する活動はいずれも個人の置かれている現在の状況によって規定されることを示しており，個人が置かれている現在の状況の意義を指摘している。

　杉浦（2001）は，インタビューなどの調査で過去のことを思い出して語ってもらう場合，語り手である調査対象者は過去をありのままに思い出して語るのではなく，聞き手である調査者との関係も含めて必ず現在自分が置かれている立場に応じて過去を再構成して語りを生成するとした。また，転機の研究の中で「肯定的な転機を語れるのは，現在の自分を肯定的に見ているからである」（杉浦，2008）とし，現在によって過去の語りが規定される点を指摘している。

　また，溝上（2004）は「やりたいこと」や「将来の目標」に基づいて人生形成，また自己形成を行うにあたり，「自らの形を見定めていく重要な作業」として，1つ目に「まずは行動すること」，2つ目に「やりたいことや将来の目標にかかわる自己世界を他者に向かって言語表現すること」を挙げている。「やりたいことや将来の目標に対するある程度の見通しをつけたり，自分なりの根拠や価値づけ，これまでの自分（過去）との連続性などをはかったりすることで，はじめて行動できる」とし，「それは，やりたいことや将来の目標を自己の世界で意味ある形で位置づけ，『物語化』するということでもある。」という。また，ここで他者に向かって言語表現することの意味としてやりたいことや将来の目標について，「なぜそういうことをやりたいのか，これまでのどういう人生の経過があってそれが目標となってきたのか，今それに向けて何をしているのか，これから何をどうやっていこうとしているのか，といったように，やりたいことや将来の目標に結合してくるさまざまな『私』や他者，現実状況などを，相手が理解できるように語らねばならない。そこで語られるものは，やりたいことや将来の目標という表象に結合してくる過去や未来の表象であり，『いま』『ここ』の場で意味として結晶化するものである。それは，いわば時間的展望（time perspective）とも呼べるものである。」とする。

　また，Ross & Wilson（2000）は，人は現在の自己の見解を向上させるように過去を見ることが動機づけられているとする。そして，過去の自己に対する評価を変えることや，問題になっている自己特性に対する重要性を修正すること，

または過去の自己と現在の自己の主観的な時間的距離を変えることによって，自分に対する好ましい見方を維持することが出来るようにしているというモデルを提案している。

園田（2003）は時間的指向性，充実感，進路成熟，そして進路選択に対する自己効力感の関連を検討した。その結果，未来指向と充実感の相関は見られないが，現在指向は充実感（熱中・集中）と高い相関があり，進路選択に対する自己効力感とポジティブな相関があることを明らかにした。また，未来指向，現在指向の得点の高さによって9つの群を作り，群によって充実感と進路選択に対する自己効力感がどのように異なるかを検討した。その結果，現在の充実感と一番関連していると考えられるのが現在指向であることを明らかにし，現在を充実させることの重要性を指摘している。

現在という時点は時間的展望を構成する時点として重要であり，この現在を起点として，過去のとらえ方がどのように未来への展望に影響を与えるのかを検討していく必要がある。つまり，現在の状況を把握した上で，彼らが過去をどのようにとらえ，そして未来をどのように見ているのかを検討していく必要がある。しかし，従来の研究において青年の現在の状況を実際に考慮した研究はほとんどない。このような青年の現在の状況を考慮していくことで，現在を起点として時間的展望が構成されていく過程を見ていくことが出来るだろう。

青年の生活感情と現在の生活

青年の現在の状況として特に取り上げる必要があると考えられるのが，青年の感情的側面と行動的側面の2つである。青年にとって重要な感情として，これまでアイデンティティ研究と時間的展望研究からは充実感や空虚感が明らかにされてきた。現在の生活が充実しているかどうかは，青年が過去，そして未来をとらえる意識に大きく影響する。

充実感と空虚感は一次元上に位置づけられるものとして考えられてきた（白井，1997）が，それぞれ異なる現在の状況から生じている可能性がある。内田（1990）では，青年期における生活感情は，人の次元，時間的展望の次元の2次元，対人関係の領域，自己認知の領域，現実目標の領域，理想目標の領域の4領域があるとされ，それぞれ肯定感情と否定感情があることが明らかにされてい

る。また，目標の不在や喪失による否定的感情の中に空虚感が位置づけられている。平石（1990）では，健康—対自己（HS）尺度の主成分分析の結果，「自己実現的態度」「充実感」「自己受容・自己信頼感」の3主成分が得られ，不健康—対自己（US）尺度の主成分分析の結果,「目標喪失感・空虚感」「不決断・自己不信感」「衝動性・非現実感」の3主成分が得られている。また都筑（1999）の作成した目標意識尺度にも「空虚感」としてまとめられた下位尺度が含まれており，空虚感が目標に関わる感情であることが分かる。

　以上のことから，充実感は広く青年の生活全般に関わって生じる生活感情であり，空虚感はその中でも目標の不在や喪失に関連して生じる生活感情ということが出来る。さらに，青年，特に本研究で対象とする大学生を理解するために重要な行動的側面として，大学生活をどのように過ごしているかという点がある（溝上, 2004, 2009, 2010）。

■ 2-4　時間的展望における現在・過去・未来の連関過程

　以上のように，現在という時点の状況によって過去のとらえ方は規定され，過去をどのようにとらえているかによって未来への展望は異なると考えられる。このような現在・過去・未来の連関過程をとらえるには，どのような方法を用いれば良いのであろうか。以下では，まずこのような3つの時間の関係を明らかにしようとしてきた研究を整理し，連関過程を研究する方法論を検討する。次に，現在・過去・未来の連関過程に関して言及してきた時間的展望のモデルを整理する。

過去・現在・未来の関連性をどのようにとらえてきたか

　過去・現在・未来を同時に取り上げた研究で多く用いられてきた技法としては，サークル・テスト（Cottle, 1967）がある。特に，時間的関連性（Temporal Relatedness）は時間的統合度の指標とされ，個人の中で過去・現在・未来がどの程度統合されているのかを示すものとして用いられてきた。他にも様々な測定道具が開発され，それぞれの研究者によって用いられてきた。例えば，回想展望法（白井, 2001, 2010），時間的展望文章完成法（TP-SCT）（小野・五十嵐, 1988），展望地図法（園田, 2011；園田・森川, 2005），ライフヒストリーグラフ

（山田，2004b）などが挙げられる。

　小野・五十嵐（1988）の作成した，時間的展望文章完成法（TP-SCT：改訂版）は，「時間的展望の長さ（距離）の指標とその内容」，「各時制における自己像」，「時間的指向性」，「過去・未来展望が positive か negative か」に関する項目から構成されている。例えば調査内容には，「(1) 私がよく思い出すのは＿＿歳の頃の＿＿＿」といった文章が含まれていた。小野・五十嵐（1988）では，「過去・現在・未来の時制のそれぞれについて展望が positive か negative かをみる」ことによって時間的展望のタイプを8つに分類している。例えば，過去・現在・未来を全て肯定的に記述しているものを，過去から順に＋＋＋と表し，これをタイプⅠと呼んでいる。同様に，過去・現在・未来を全て悲観的に記述しているものは－－－とし，これをタイプⅦと呼んでいる。小野・五十嵐（1988）では，これら8タイプごとに時間的指向性や自己像タイプを事例として取り上げ研究を行っている。

　小野・五十嵐（1988）と類似した研究に奥田（2008）がある。奥田（2008）は過去・現在・未来を独立のものとして扱うのではなくその関係に着目し，時間的展望の構造へのアプローチを試みている。その方法として，過去・現在・未来に対する満足度に着目し，これにより「過去・現在・未来の相対的関係をとらえることができる」としている。具体的には，過去・現在・未来に対する満足度よりも，過去・現在・未来を総体として，相対的にどのように関連づけているのかに着目している。その結果，対象者を無変化群，満足度上昇群，満足度下降群，現在満足群，現在不満足群の5つの群に分類している。

　小野・五十嵐（1988）や奥田（2008）では，同様に未来展望が高いと考えられる群であっても，過去や現在の状態が異なっている群が見られている。過去・現在・未来の3側面から時間的展望のタイプを明らかにすることにより，未来のみを取り上げた場合には理解されなかった青年の時間的展望を理解することができる。さらに，このような群の違いを明らかにするためには，過去・現在・未来がポジティブかネガティブか，またどの次元の得点が高いかといった観点からの組み合わせではなく，過去・現在・未来それぞれをどのようにとらえているのかという質的な側面から検討する必要がある（cf. 小野・五十嵐，1988）。

園田（2011）の開発した展望地図法も過去・現在・未来という3つの時間を同時に取り上げた技法である。展望地図を作成することにより，現在の自己を表現するだけでなく，「変化してきた自己」「これから変化していく可能性のある自己」を表現できると考えられている。展望地図法では「現在から見た未来の自分」を結末として位置づけることを試みており，「現在が充実できないという悩みを持つ対象者に対して，過去，現在と望ましい未来を結びつけることによって現在の状況が偶然ではなく必然性と意味をもっていることに気付き，現在のもつ意味を見直すことができるように自己を再構成すること」を目的としている。展望地図の作成は，現在・過去・未来という順で自己を表出させて行われる。

　近年では，バランスのとれた時間的展望（BTP；Balanced Time Perspective）（Boniwell & Zimbardo, 2004）といった概念が提案され，時間的展望における過去・現在・未来のバランスが重視されている。BTPを測定するためのいくつかの方法が提案されてきている（Zhang, Howell, & Stolarski, 2013）が，過去・現在・未来のバランスの中身は分からず，具体的な人物像を理解することは出来ていない。

　以上の研究は，過去・現在・未来の3つの時間を考慮し，取り上げることが出来る技法として意義がある。しかし，過去・現在・未来がどのように関連しているのかという内容的側面は明らかにされていない。多く用いられてきたサークル・テストで測定される時間的統合度においても，円の連関には必ずしもポジティブな意味が付随しないことが示されている（佐藤・岡本・杉村, 2012）。また，ほとんどが横断的研究において用いられており，2－2において示された変化過程をとらえる際にも不十分といえる。現在・過去・未来の連関過程を明らかにするには，3つの時間次元をセットとして扱うことが出来る技法を用いて縦断的な研究を行い，実際に変化を見ていく中で検討する必要がある。

時間的展望における現在・過去・未来の連関を含むモデル
　これまで時間的展望の構造（勝俣, 1995；都筑, 1999），時間的展望の生成過程（白井, 2008a）など，現在・過去・未来の連関を含むモデルが提示されてきた。
　都筑（1999）の提示した時間的展望の構造モデルでは，基礎的認知的能力に

基づいて次のような過程が生じるとされている。まず，目標への志向性であり，それは将来目標・計画を持ちたいという欲求を生み出す。そして，その欲求は将来目標に対する意欲あるいは無気力という形をとる。次に，目標の設定であり，目標や目標－手段関係の内容や配置を考える中で，将来目標・計画が立てられる。そのようにして作られた将来目標や計画の構造は，将来設計や人生設計を構成する。最後に，目標についての評価であり，その結果，過去・現在・未来に対する肯定的感情や否定的感情，満足感や空虚感などの感情が生み出される。このような過程を持つモデルを用いることによって，青年の時間的展望のタイプを具体的に分析していくことが可能になるとしている。さらに都筑 (1999) は一連の実証研究の結果を統合し，時間的展望と自我同一性との関連について仮説的図式を提示している。このモデルでは，現在の自分が人生の将来目標を立てるという時間的展望を確立しようとする過程で，過去の自分や経験・出来事を振り返りつつ，それらを再解釈したり再定義し，同時に，未来の自分や目標・出来事を思い浮かべ，その実現を期待したり希望することを通じて，過去・現在・未来の自分を統合的にとらえ，自我同一性を達成するという一連の過程が示されている。

　勝俣 (1995) は時間的展望の構造に関するリボンモデルを提示し，時間的展望を「時間的流れ（持続）の中におけるある時点での，個人ないし集団・社会の過去展望，現在展望及び未来展望の有機的関連の総体」と定義した。適応的な時間的展望モデルは，①時間の流れの中で，過去展望，現在展望，および未来展望が適度に区分されながら統合されており（一貫性），②過去展望においては positive feedback（negative な経験や状態からも何かを学びとり，positive に認知すること）がなされ，現在展望を媒介にして未来に対する positive feedforward（目標の設定，期待，希望，企望などの positive な未来予測）がなされるとともに，常にその連鎖が継続されている場合であるとされた。一方で，不適応的な時間的展望モデルには 2 種類が想定された。第 1 に，①時間の流れの中で過去展望および未来展望が統合されておらず，②過去展望においては negative feedback（修正を必要とする negative な認知がなされること）のみがなされ，negative な現在指向優位の現在展望にとどまり，未来展望を持ちえないか，あるいは未来に対する negative feedforward（未来の目標に対して

negative な認知が優先する）がなされる場合である。第2は，①時間の流れの中で過去展望に対する feedback 機能も未来に対する feedforward 機能も持たないか弱く，②瞬時的な現在指向優位の現在展望の枠の中のみに制限される場合である。

　白井（2008a）は過去・現在・未来が関連づけられる順序を含む時間的展望生成の活動の図式を提示している。そこでは，「まず過去に関心を向ける活動があり，次に未来に関心が向いて未来を立ち上げる活動が起き，そして現在へと返ってきて現在を豊かにする活動となる」とされる。これらの活動はいずれも個人の置かれている現在の状況によって規定されている。

　これまでに提案されてきたモデルは現在を起点としており，過去と未来が関連づけられる場合にも現在を媒介している点や，過去・現在・未来の統合や連関を含んでいる点で共通している。しかし，過去・現在・未来の統合や3つの時間の連関過程に関しては，これまで見てきたように実証的な知見が少なく，実際にどのような関連を持っているのかは明らかにされていない。特に，青年の過去を含む知見を積み重ねていくことで，より実証的な知見に基づくモデルになり，青年を理解する際に有用なものとなる。

第3節　研究の到達点と本研究の目的

■ 3-1　時間的展望研究における到達点

　ここまで，青年期の時間的展望の特徴および現代青年に特徴的とされる未来への意識，さらに青年の未来への展望を過去のとらえ方をふまえた上で検討する必要性を示してきた。

　青年期の時間的展望の構造が行動に与える影響を明らかにするために，先行研究の知見の到達点を以下に示す。

　第1に，青年期の過去のとらえ方には，過去をとらえる様々な意識と，過去と現在の関連を意味づける意識の2つがあった。しかし，青年が過去をどのようにとらえているのかという点は一次元的な指標によってとらえられており，複数の側面からとらえることのできる尺度は作成されていない。また過去と現在の関連をどのように意味づけるかは，質的研究からの示唆や量的研究からの

推測に留まっていた。青年期の時間的展望をとらえるためには，時間的展望における過去の側面を測定するための信頼性と妥当性を持った尺度を開発する必要がある。

　第2に，現在の状況によって過去のとらえ方が規定され，また過去のとらえ方によって未来への展望が異なる点がそれぞれ示唆された。また，過去をとらえる意識と過去と現在の関連を意味づける意識を分けて未来への展望との関係を見ていくことで，より正確に過去のとらえ方と未来への展望との関係を明らかに出来る可能性がある。しかし，これまでの研究で両者を明確に区別した研究はない。また，過去のとらえ方から未来への展望を検討するというアプローチはこれまでほとんどなされておらず，知見が不十分である。したがって，このような現在・過去・未来の連関過程をまずは部分ごとに明らかにする必要がある。具体的には，現在の状況によって過去のとらえ方がどのように規定されるのか，過去のとらえ方によって未来への展望がどのように異なるのか，そして過去と現在の関連をどのように意味づけることが，現在から未来への展望にどのような影響を与えているのか，また未来への展望が現在の行動に与える影響という点に関して，検討を積み重ねる必要がある。

　第3に，上述した現在・過去・未来の連関過程はこれまで多く指摘されてきた。しかし，現在・過去・未来の3つの時間を同時に取り上げ，セットとして検討した研究はあるものの，横断的研究が多く連関過程がどのようになっているのかは明らかにされていない。現在・過去・未来の連関過程は，例えば過去のとらえ方が変化したことによって未来への展望がどのように変化していくのかという点を実際に検討していくことでより明確にすることができる。このような現在・過去・未来の連関過程を明らかにするためには，現在・過去・未来を同時にとらえることの出来る技法を用い，縦断的方法によって実際に変化を見ていく中で検討する必要がある。また，過去のとらえ方の変化には他者が関わっている点も明らかにされた。

■ 3-2　本研究の目的と構成

本研究の目的

　青年期における時間的展望研究を概観した結果から，本研究の目的は次のよ

うに設定された。本研究は，青年における時間的展望を現在・過去・未来の3時点をセットとしてとらえ，その連関過程を明らかにすることを目的とする。具体的には，現在の状況によって過去のとらえ方がどのように規定され，過去のとらえ方によって未来への展望がどのように異なるのかを明らかにする。また過去のとらえ方には過去をとらえる意識と，過去と現在の関連を意味づける意識の2つがあるため，これらを分けて検討する。本研究の具体的な検討課題は次の3点である。

第1に，青年期における過去の側面を測定するための，信頼性と妥当性を持った尺度を開発する。過去のとらえ方を複数の側面から測定出来る尺度と，過去と現在の関連をどのように意味づけているのかを測定する尺度を開発する。また，過去と現在の関連への意味づけに対応するような，現在と未来の関連をどのように意味づけるのかという点を測定する尺度を開発する。これは，未来への展望の一側面として扱われる。作成された尺度は，信頼性および妥当性が確認された後，以下の検討で用いられる。

第2に，現在の状況によって過去のとらえ方が規定され，また過去のとらえ方によって未来への展望が異なる点を明らかにする。そのため，このような現在・過去・未来の連関過程をまずは部分的に検討し，知見を積み重ねる。まず現在の状況によって過去のとらえ方がどのように規定されるのかを検討する。次に，過去のとらえ方によって未来への展望がどのように異なるのかを明らかにする。そして，過去と現在の関連への意味づけが，現在と未来の関連への意味づけにどのような影響を与えているのか，また現在と未来の関連への意味づけが現在の行動にどのような影響を与えているのかを明らかにする。

第3に，これまで部分的に検討を行ってきた現在・過去・未来の連関過程を全体として明らかにするため，過去・現在・未来を同時にとらえることの出来る技法を用い，縦断的方法によって実際に変化を見ていく中で検討する。第3の課題は，第2の課題までの検討の結果得られる知見を統合する研究に位置づけられる。

本研究の独自性と意義

本研究における，現在の状況によって過去のとらえ方が規定される点を示し，

過去のとらえ方によって未来への展望を見ていくアプローチは，青年期の時間的展望をとらえる方法として新しいものである。これまで，現在・過去・未来の連関過程の一部は明らかにされてきたものの，この点に関する実証的な研究は少ない。本アプローチによって得られる知見には次の2点において意義がある。

　第1に，これまでに得られてきた青年の時間的展望に関する知見に新しい知見と解釈を加えることができる。特に，未来や現在に関する知見からでは理解できなかった青年を過去という視点からとらえることで，その生き方や行動を再解釈出来る可能性がある。これまで青年は未来志向であることが示され，青年期を通して比較的安定していることが示されてきた（都筑，2007a）。しかし，その変わらない未来志向の背景では，現在の状況に変化が起こったり，それによって過去のとらえ方が変化している可能性がある。例えば青年期前期から後期まで一貫して「臨床心理士になりたい」という目標を答え続けていたとしても，その背景にある現在の状況と過去のとらえ方は変化している可能性がある。そしてそれにより，目標実現のための行動など現在の行動が影響を受けている可能性がある。このような連関過程を想定し明らかにしていくことで，青年期における時間的展望の質的な発達や変化を見ていくことが出来る可能性がある。

　また，このような時間的展望に関する知見はキャリア教育やキャリア形成支援の領域においても有益な知見となるであろう（cf. 下村・白井・川﨑・若松・安達, 2007）。やりたいことや将来の目標に基づいた人生形成を行うものが多いとされる青年（溝上, 2004, 2010）の未来が，過去をどのようにふまえた上で，また過去とどのように関連づけられた上で見通されているのかを明らかにすることで，青年が形成しようとしている人生を理解することが出来る。さらに，得られた知見に基づいてキャリアや未来の見通しを支援するためのワークを開発することもでき，より青年にとって有用なワークとなるだろう。

　第2に，現在において過去をどのようにとらえ，未来をどのように見ているのかという点は，青年の現在という視点に立った時間的展望である。このような視点を持つことで，主体的に自分の人生を形成しようとしている青年の姿を理解することが出来る。これまでの研究では，青年がどのような未来を思い描いているのか，またどんな未来が現在の行動を動機づけているのかといった，

青年の外から時間的展望を明らかにしてきたといえる。本研究のアプローチは，青年と同じ視点に立った時間的展望を明らかにしようとするものであり，青年が現在にどう生きているのかという点を明らかにできる。

本研究の構成

本研究の構成は，Figure 2-3-1 に示した通りである。

第1章では，青年期における時間的展望を未来のみではなく現在，過去も同時に取り上げて検討する必要性を示した。第1節では現代青年が置かれている社会的な状況と，その中で青年が未来に対して不安を抱いている様子を示した。第2節では，青年期の時間的展望研究の流れを概観した。第3節では，従来の研究における不足点を指摘し，青年期の時間的展望を未来のみではなく過去を同時に取り上げて検討する必要性を示した。

第2章では，青年期を対象とした時間的展望研究を概観し，研究の到達点と課題点を明らかにした。第1節では，従来明らかにされてきた知見を概観し，青年期の時間的展望の特徴，また現代青年に特徴的だとされる未来志向の側面に焦点を当てて概観した。第2節では，青年の過去のとらえ方を整理し，次に過去のとらえ方によって未来への展望がどのように異なっているのか，現在の状況によって過去のとらえ方がどのように規定されるのかを整理した。最後に，現在・過去・未来という3つの時間の連関過程とその検討方法，提示されてきたモデルを整理した。第3節では，青年期を対象とした時間的展望研究の到達点をまとめ，本研究の目的を示した。

第3章では，本研究で使用していく，青年が過去をどのようにとらえているのかという「過去のとらえ方」を複数の側面から測定できる尺度と，過去と現在，現在と未来の関連をどのように意味づけているのかという「時間的関連性」を測定するための尺度の2つを開発し，信頼性と妥当性の検討を行う。第1節では「過去のとらえ方尺度」の開発を行い，第2節では「時間的関連性尺度」の開発を行う。

第4章では，第3章第1節で開発された過去のとらえ方尺度を用いて，大学生の現在という時点によって過去のとらえ方がどのように規定されるのかを明らかにする。第1節では，現在における正の生活感情として充実感を取り上げ，

充実感の程度によって過去のとらえ方が異なるかどうかを検討する。第2節では，現在における負の生活感情であり目標の喪失に関わるものとして空虚感を取り上げ，空虚感の程度によって過去のとらえ方が異なるかどうかを検討する。第3節では，現在の行動に関わる側面として大学生活の過ごし方を取り上げ，大学生活の過ごし方タイプによって過去のとらえ方が異なるかどうかを検討する。

第5章では，過去のとらえ方によって未来への展望がどのように異なるのかを明らかにする。第1節では，まず第3章第1節で開発された過去のとらえ方尺度を用いて調査協力者の分類を行い，第2節および第3節における調査協力者を分類する基準となる過去のとらえ方タイプを作成する。次に，青年の過去のとらえ方タイプによって自己形成意識がどのように異なるのかを検討する。第2節では，まず第1節で得られた過去のとらえ方タイプの分類基準を用いて調査協力者の分類を行い，次に青年の過去のとらえ方タイプによって目標意識がどのように異なるのかを検討する。第3節では，第2節と同様に調査協力者の分類を行い，青年の過去のとらえ方タイプによって目標とその達成手段として実行していること，手段として検討していることにどのような違いがあるのかを検討する。

第6章では，時間的関連性から現在・過去・未来の連関過程を検討する。第1節では展望地図に基づく面接調査を行い，面接において現在の充実感が高いと答えた青年と低いと答えた青年で，過去と現在をどのように関連づけた発話をするのか，また現在と未来をどのように関連づけた発話をするのかに差があるのかどうかを検討する。第2節では，第3章第2節で作成された時間的関連性尺度を用い，過去と現在の関連の意味づけ方が現在と未来の関連の意味づけ方に与える影響，そして現在と未来の関連の意味づけ方が現在の行動に与える影響に関するモデルを作成し，どのような影響があるのか検討する。

第7章では，第4章から第6章まで部分的に検討してきた現在・過去・未来の連関過程を全体としてとらえ，統合する研究を行う。現在・過去・未来の連関過程を明らかにするため，3つの時間を同時にとらえることが出来，時間的展望を形成する技法である展望地図法（園田，2011）と面接法を組み合わせ，短期縦断調査を行うことによって時間的展望の変化を検討する。面接時点にお

ける，自身の過去と現在の関連の意味づけ方の違いによって，調査への参加前後で時間的展望の過去・現在・未来への意識に変化があるかどうかを明らかにする。インタビュアーは本調査において，過去のとらえ方を変化させる要因としての「他者」に位置づけられる。

　第8章では，本研究の知見をまとめ，その成果に関して討論を行う。第3章から第7章までの実証的研究を統合し，青年期の時間的展望の変化，発達を理解するための時間的展望における現在・過去・未来の連関過程のモデルを提示する。最後に，本研究の限界と今後の課題を示す。

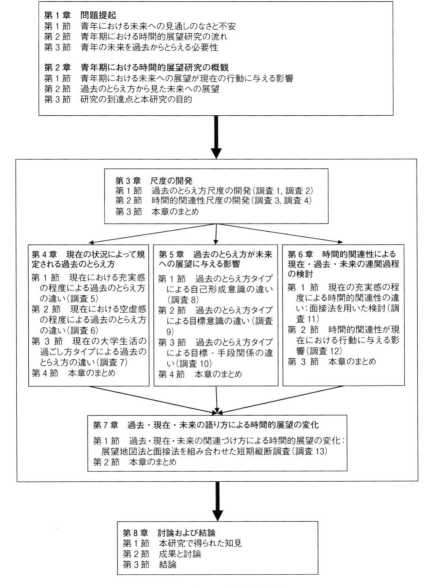

Figure 2-3-1　本研究の構成

第3章
尺度の開発

　第3章では，本研究で使用していく「青年が過去をどのようにとらえているのか」という「過去のとらえ方」を複数の側面から測定できる尺度と，過去と現在，現在と未来の関連をどのように意味づけているのかという「時間的関連性」を測定するための尺度の2つを開発し，信頼性と妥当性の検討を行う。第1節では過去のとらえ方尺度の開発を行い，第2節では時間的関連性尺度の開発を行う。

第1節　過去のとらえ方尺度の開発（調査1，調査2）

　第1節では過去のとらえ方尺度の開発を行う。まず，調査1で青年が過去をどのようにとらえているのかを明らかにする。そして，得られた結果に基づいて過去のとらえ方予備尺度項目の作成を行う。次に，調査2では調査1で作成された予備尺度項目を用いて調査を行い，過去のとらえ方尺度の作成と信頼性および妥当性の有無を検討する。

■ 青年期における過去のとらえ方の特徴（調査1）

目　　的

　青年が過去をどのようにとらえているのかを，自由記述法を用いて明らかにする。過去のとらえ方に関する記述を収集し，過去のとらえ方の特徴を把握する。また，得られた記述内容に関して妥当性の検討を行った上で尺度項目の選定を行う。

方　法

調査協力者

　都内私立大学生109名（A大学87名，B大学22名，男性51名，女性56名，性別不明2名，平均年齢19.18歳（$SD = 1.02$），年齢範囲18-23歳，1年生45名，2年生53名，3年生3名，4年生6名，学年不明2名）が調査に参加した。

調査時期

　調査は2009年5月に実施された。

調査手続きおよび倫理的配慮

　質問紙はA大学における心理学の講義，B大学におけるキャリアデザインに関する講義時間に一斉に配布，回収された。さらに，A大学内で個別配布され，回答後その場で回収された。A大学における調査は筆者によって行われた。B大学における調査は，B大学に勤務，またキャリアデザインに関する講義を担当する教員に委託された。回答にかかる時間は約10分であった。倫理的配慮として，質問紙の表紙部分においてアンケートの匿名性，回答の自由，データの全体的処理について明記した。配布の際には口頭で同様の旨を伝えた。以下，本研究で行われた質問紙調査では同様の倫理的配慮を行った。

調査内容

　（1）フェイスシート（性別，学年，年齢）

　（2）WHY答法（溝上，1999）を用いた「過去評価」とその規定要因に関する調査：過去のとらえ方に関する記述を抽出するため，導入的な設問として取り入れた。尺度作成には使用されないため，結果は省略されている（詳細な結果は石川（2012）を参照）。「過去のとらえ方」は抽象的であり，「過去をどのようにとらえているか」という質問には答えにくい点が推測された。そのため，WHY答法（溝上，1999）を用いた過去のとらえ方に関する質問を最初に設けた。溝上（1999）のWHY答法に関する検討結果（pp. 65-71）から，WHY答法への回答後に自由記述を求めることで青年にとって答えやすく，また深い内省を

経た「過去のとらえ方」を抽出出来ると考えられた。本研究における WHY 答法の刺激文は「私は，『自分の過去』を肯定的にとらえています。」であった。

（3）過去のとらえ方に関する自由記述：自由記述を用いた先行研究を参考に筆者が作成した。「あなたの過去のとらえ方について，お聞きします。これまでの人生において，あなたは良い出来事も，悪い出来事も含めて，いろいろな出来事を経験してきたと思います。あなたが，自分の過去の出来事をどのようにとらえているのか，過去に対してどのような態度をとっているのか，教えてください。以下にあなたの思うように，自由に記入してください。」という教示を与え，その下に約 15cm × 16.5cm の罫線の入った枠を設け，回答を求めた。

（4）過去受容（白井, 1997）：自由記述の妥当性を検討するため，白井（1997）が作成した時間的展望体験尺度の下位尺度のうち，過去受容としてまとめられた 4 項目を用いた。白井（1997）と同様，5 件法で回答を求めた。合計得点を項目数で除したものを下位尺度得点とした。得点の高さは過去を受容している程度の高さを示す。

結果と考察

尺度の構成

過去受容に関して信頼性係数（Cronbach の α 係数）を算出した結果，$\alpha = .76$ であった。

「過去のとらえ方」に関する自由記述の分類

分析対象者は無記入 8 名（WHY 答法における回答理由と同じという趣旨を記述した 2 名を含む）を除く 101 名であった。「過去のとらえ方」に関する自由記述から得られた記述を，KJ 法（川喜田, 1967）に従い分類した。本調査では得られた自由記述から尺度項目を作成するため，まず 1 名分の記述内容に複数の意味，まとまりが見られた場合，1 つの意味を示すまで記述の内容を切片化した。その結果 443 個の記述が得られた。次に，切片化した記述を基礎データとし，これらを用いて分類を行った。

その結果，5 段階のグループ化を経て最終的に「連続的なとらえ」「過去への態度」「過去への認識」「その他」の 4 グループが得られた。それぞれの下位カ

Table 3-1-1 自由記述の分類結果と各記述例

カテゴリー（記述数）		記述例[a]
5段階目	4段階目	
連続的なとらえ (147)	過去と成長のつながり (74)	"同じ失敗をくり返さないようにはしようとしているつもりです" "過去におきたことから現在へ活かせることを学べると思うので"
	過去・現在（今）・未来（これから）(73)	"過去に対しては，自分の一部だと思っているので" "今と比較したりもする"
過去への態度 (127)	肯定的 (69)	"今自分は過去の自分の行動を認めることはできる" "過去に自分に起きたことは総合的によかったものだと思っています"
	否定的 (44)	"いやだった出来事は，やはり思い出したくありません" "「ああしとけばよかった・・・」という後悔ばかりが多い"
	わりきり (14)	"失敗をくよくよ考えない" "過去の出来事は過去です"
過去への認識 (135)	ポジティブ (40)	"過去の思い出は，楽しいことが多いです" "私は，過去の楽しかった出来事は鮮明に覚えている"
	ネガティブ (78)	"いやなことを思い出して，気分が悪くなる時もある" "過去のことで，思い出したくないこともたくさんあります"
	中間的評価 (17)	"後悔はしてないです" "嫌なのは100%ではないです"
その他[b] (34)	これからへの意識 (19)	「これから〇〇したい。」という形式の記述が多く見られた
	その他 (15)	人間観や自身の性格に関する言及が多く見られた

[a] 記述例は，カテゴリーの中で一番多く見られた記述から選択した。
[b] その他に分類された記述に関しては，記述が第4段階までグループ化されなかったものであったため，例ではなく記述の特徴を示した。

テゴリーとして，「連続的なとらえ」では「過去と成長のつながり」「過去・現在（今）・未来（これから）」，「過去への態度」では「肯定的」「否定的」「わりきり」，「過去への認識」では「ポジティブ」「ネガティブ」「中間的評価」，「その他」では，「これからへの意識」「その他」が得られた。それぞれのカテゴリーにおける記述数と記述例を Table 3-1-1 に示す。

「連続的なとらえ」は，過去をとらえる際に過去のみではなく現在や未来にも焦点をあて，そのつながりから過去をとらえるという特徴が見られた。下位カ

テゴリーの「過去と成長のつながり」は，過去の出来事を自身の成長に関わったものとして意味づけているものであり，先行研究で見出されてきた側面と一致する（松下, 2005, 2007, 2008；杉浦, 2001；宅, 2005）。「過去・現在（今）・未来（これから）」は時間的関連性（Cottle, 1967；白井, 1997）の一部といえる。「連続的なとらえ」のような過去のとらえ方は，自由記述調査においては一貫して見出されているといえる。また，「連続的なとらえ」には過去のとらえ方についての考え方や過去への関わり方についての記述が含まれており，時間に対する信念が含まれていた。

　「過去への態度」は過去のみに焦点が当てられ，過去にどのように関わるかという過去に対する実際の関わり方や態度を示していた。下位カテゴリーの「肯定的」「否定的」「わりきり」は，白井（1997）の自由記述調査における「受容」「後悔」「不可逆性」などに一致していた。さらに「肯定的」「否定的」は過去に対する感情・評価的側面といえ，尺度としても構成されている（白井, 1997；都筑, 1999；Zimbardo & Boyd, 1999）。

　「過去への認識」は過去のみに焦点が当てられ，「どのような過去であったか」という過去の事実に対する記述が見られ，過去をどのように認識しているかということを示していた。ポジティブ，ネガティブといった面も含んでおり，時間的態度（都筑, 1999）などの「過去への評価や感情」と類似していたが，より事実の認識に近いといえる。下位カテゴリーの「ポジティブ」「ネガティブ」には，ポジティブな出来事，ネガティブな出来事があったという回顧的な側面が見られた。「中間的評価」には，肯定的か否定的か判断がつかない記述が含まれた。

　「その他」における「これからへの意識」のカテゴリーには，「これから○○したい。」という形の文章が多く見られた。これは，過去ではなくこれからという未来に対する意識であり，時間的展望における欲求・動機的側面（都筑, 1999）であるといえる。白井（2001），園田（2011），山田（2004b）などの調査では，青年が過去を振り返ることを含む調査に参加した効果として，未来への展望が肯定的になったり，成長への意欲が生成されていた。本研究で得られた「これからへの意識」も，調査協力者が「自身の過去をどのようにとらえているか」記述する中で過去を回想した効果が記述として現れたと推測される。過

去のとらえ方が未来の側面に影響を与えている点が示唆された。

　以上の結果から，青年の過去のとらえ方には「連続的なとらえ」「過去への態度」「過去への認識」の3側面があり，さらにそれらは8つの側面に分かれている点が明らかにされた。3側面はそれぞれ過去に対するとらえ方として異なる特徴を持っていた。

　先行研究を整理した結果と同様，過去のとらえ方には複数の側面がある点が明らかにされた。以下では「連続的なとらえ」「過去への態度」「過去への認識」の3側面とその下位カテゴリーに関して妥当性を検討する。

自由記述調査の妥当性

　自由記述調査の妥当性を検討するため，過去受容得点の高低によって記述内容が異なるかどうかを検討した。過去受容得点が高い人は過去のとらえ方のうち肯定的な側面の記述が多く，否定的な側面の記述が少なくなり，一方で，過去受容得点が低い人は肯定的な側面の記述が少なく，否定的な側面の記述が多くなることが推測された。自由記述における分類を行った後，まず調査協力者を過去受容4項目の平均値（$Mean = 3.56, SD = 0.92$）＋ $SD/2$ 以上を過去受容高群（4.02〜Max），平均値 － $SD/2$ 以下（Min〜3.10）を過去受容低群に分類した。次に，高群，低群の記述が自由記述の分類結果においてどのカテゴリーに分類されているのかという各カテゴリーにおける表出頻度を確認した。高群，低群の下位カテゴリーにおける表出頻度に関して χ^2 検定を行ったところ，有意差が見られたため（$\chi^2 (7) = 40.55, p < .01$），残差分析を行った。その結果，「過去への態度」における「肯定的」において低群よりも高群の表出頻度が有意に高く（$p < .05$），「否定的」において高群よりも低群の表出頻度が有意に高くなっていた（$p < .01$）。また，「過去への認識」における「ポジティブ」において低群よりも高群の表出頻度が有意に高く（$p < .01$），「ネガティブ」において高群よりも低群の表出頻度が有意に高くなっていた（$p < .05$）。予測した通り，過去受容得点が高い人は過去のとらえ方のうち肯定的な側面の記述が多く，否定的な側面の記述が少なくなり，過去受容得点が低い人は肯定的な側面の記述が少なく，否定的な側面の記述が多くなっており，本自由記述調査の妥当性が確認された。下位カテゴリーにおける高群と低群の記述の度数と表出

Table 3-1-2 過去受容高・低群による記述の表出率の比較結果（χ^2検定）

カテゴリー		記述数（%）		残差分析結果
5段階目	4段階目	低群	高群	
連続的なとらえ	過去と成長のつながり	23(21.50)	14(14.29)	*n.s.*
	過去・現在（今）・未来（これから）	16(14.95)	21(21.43)	*n.s.*
過去への態度	肯定的	8(7.48)	18(18.37)	*
	否定的	24(22.43)	3(3.06)	**
	わりきり	3(2.80)	7(7.14)	*n.s.*
過去への認識	ポジティブ	4(3.74)	19(19.39)	**
	ネガティブ	27(25.23)	12(12.24)	*
	中間的評価	2(1.87)	4(4.08)	*n.s.*
	合計	107(100)	98(100)	

注）$\chi^2(7) = 40.55, p < .01$
**p < .01, *p < .05

率，また χ^2 検定の結果を Table 3-1-2 に示す。

過去のとらえ方予備尺度項目の作成

　自由記述の分類結果をもとに，過去のとらえ方に関する項目の作成を行った。その結果，「連続的なとらえ」で31項目，「過去への態度」で36項目，「過去への認識」で27項目の，全94項目が作成された。作成された項目に関して，心理学を専門とする講師1名，心理学を専攻する大学院生2名により，「過去のとらえ方」の内容的な一致と項目の文章，項目数に関して検討が行われた。その結果，指摘された文章の分かりにくい部分を修正した。最終的に94項目全てが妥当であると判断され，予備尺度項目として選定された。

■ 過去のとらえ方尺度の作成と妥当性の検討（調査2）

目　的

　本調査では，調査1において作成された過去のとらえ方を測定するための予備尺度項目を用いて調査を行い尺度を作成し，その信頼性と妥当性の検討を行

う。また，青年期における過去のとらえ方の特徴と構造を，得られた過去のとらえ方間の関連と男女差の検討によって明らかにする。

方　法

調査協力者
　都内私立大学生252名（男性137名，女性113名，性別不明2名，平均年齢19.56歳（SD = 1.10），年齢範囲18-23歳；1年生78名，2年生88名，3年生62名，4年生21名，学年不明3名）が質問紙調査に参加した。

調査時期
　調査は2009年7月に実施された。

調査手続き
　質問紙は全て大学内で個別配布され，回答後その場で回収された。回答にかかる時間は約10-20分であった。

調査内容
　(1) フェイスシート（性別，学年，年齢）
　(2) 過去のとらえ方予備尺度項目：調査1において作成された。「連続的なとらえ」31項目，「過去への態度」36項目，「過去への認識」27項目の全94項目からなる。「あなたが，自分の過去についてどのようにとらえているのか，お聞きします。以下の文章を読んで，あなたの考えにもっとも当てはまると思う番号に○をつけて下さい。以下，質問文に出てくる『過去』は，あなた自身の過去のことです。」という教示を与え，「とてもあてはまる」「ややあてはまる」「どちらでもない」「あまりあてはまらない」「全くあてはまらない」の5件法で回答を求めた。順に5-1点と得点化された。
　(3) 時間的態度尺度（都筑, 1999）：過去のとらえ方尺度の妥当性を検討するため，過去と未来に対する態度を15の形容詞対で測定した。都筑（1999）と同様，7件法で回答を求めた。SD法によって時間的展望の感情・評価的側面を測定する尺度である。得点の高さは各時間に対する感情・評価が肯定的であるこ

とを示す。都筑（1999）によって信頼性と妥当性が確認されている。

結　果

尺度の構成

時間的態度尺度の過去に対する態度，未来に対する態度に関して信頼性係数（Cronbach の α 係数）を算出した結果，過去に対する態度 $\alpha = .90$，未来に対する態度 $\alpha = .95$ であった。

過去のとらえ方尺度の探索的因子分析と信頼性の検討

自由記述調査（調査1）で得られた分類を生かすため「過去のとらえ方」の「連続的なとらえ」「過去への態度」「過去への認識」ごとに因子分析を行った。1つの因子にのみ絶対値 .40 以上の負荷量を示す項目を選択，複数の因子に高い負荷量を示す項目を削除するという基準で項目の取捨選択を行った。天井効果の見られた 13 項目は全て分析から除外された。

「連続的なとらえ」に関する尺度の構成

「連続的なとらえ」に関する 24 項目に対して上記基準で因子分析を行った（主因子法, varimax 回転）結果，最終的に2因子が得られた。しかし，α 係数を算出したところ第2因子の α 係数は .57 と低い値を示した。尺度作成が目的であるため，第2因子に負荷量の高かった項目を全て削除し，第1因子のみを採用した。第1因子に負荷量の高かった 10 項目に対し主成分分析を行った結果，全ての項目が第1主成分に高い負荷量を示した（Table 3-1-3）。第1主成分の寄与率は 44.77％であった。「過去のマイナスな出来事は，自分の糧になった」など 10 項目からなる「連続的なとらえ」が得られた。α 係数は .86 であり，十分な内的整合性が確認された。過去を自分の成長や現在，未来につながるものとしてとらえている内容を示していた。

「過去への態度」に関する尺度の構成

「過去への態度」に関する 33 項目に対して上記基準で主因子法による因子分析を行った。固有値の減衰傾向，また説明された分散の合計が 40％を超えた 3-5 までの因子数で検討を行った。因子数3が妥当であると判断し，再度因子分析を行った（主因子法, promax 回転）。最終的に得られた因子パターンを

Table 3-1-3 「連続的なとらえ」主成分分析結果

I 連続的なとらえ (α = .86)	
過去のマイナスな出来事は，自分の糧になった	.77
過去のマイナスな出来事があっての，今の自分だと思う	.74
過去のマイナスな出来事は，教訓としてこれからに活かそうと思う	.73
過去を教訓にしている	.70
過去の出来事は，これからにつながると思う	.70
過去は，自分を成長させてくれた	.65
過去の良い出来事は，良い経験だと思う	.63
過去のマイナスな出来事は，学べることが多い	.62
過去の悪い出来事でも，今では良く思えることがある	.57
過去の出来事から学んでいる	.56
寄与	4.48
寄与率（％）	44.77

Table 3-1-4 に示した。なお，回転前の3因子で33項目の全分散を説明する割合は42.36％であった。「過去に対して，後悔をしていることが多い」など5項目からなる「否定的態度」，「過去に向き合うようにしている」など7項目からなる「受容的態度」，「マイナスな出来事は，忘れてしまうことが多い」など4項目からなる「わりきり態度」の3因子が得られた。3因子のα係数は「否定的態度」が.79，「受容的態度」が.75，「わりきり態度」が.70であり，ある程度の内的整合性が確認された。それぞれ，否定的な態度，受容的な態度，わりきった態度という過去に対してどのような態度をとっているかという内容を示していた。

「過去への認識」に関する尺度の構成

「過去への認識」に関する24項目に対して上記基準で因子分析を行った（主因子法，promax回転）結果，最終的に2因子が得られた。しかし，α係数を算出したところ，第2因子のα係数は.56と低い値を示した。尺度作成が目的であるため，第2因子に負荷量の高かった項目を全て削除し，第1因子のみを採用した。したがって，第1因子に負荷量の高かった10項目に対し主成分分析を行った。その結果，全ての項目が第1主成分に高い負荷量を示した（Table 3-1-5）。第1主成分の寄与率は51.29％であった。「自分の過去は暗い思い出

Table 3-1-4 「過去への態度」因子分析結果（主因子法，promax 回転）

	I	II	III
I　否定的態度（α = .79）			
過去に対して，後悔をしていることが多い	**.79**	-.06	-.13
過去のことはあまり思い出したくない	**.70**	.13	.28
これまでの自分に後悔している	**.70**	-.07	-.07
過去を引きずっている	**.68**	.15	-.22
マイナスな出来事は，思い出したくない	**.48**	-.19	.17
II　受容的態度（α = .75）			
過去に向き合うようにしている	.03	**.64**	-.02
過去の過ちを忘れないようにしている	.11	**.63**	-.05
過去の悪い出来事を，受け止めている	.05	**.60**	.12
過去を忘れないようにしている	.01	**.57**	-.06
過去の出来事に感謝している	-.17	**.54**	.02
過去の出来事全てに，意味があると思っている	.00	**.50**	-.01
過去をふり返ることは大切なことであると思う	-.04	**.49**	.04
III　わりきり態度（α = .70）			
マイナスな出来事は，忘れてしまうことが多い	-.13	.06	**.73**
マイナスな出来事は，忘れるようにしている	.15	.02	**.72**
過去のことはあまり覚えていない	.14	-.10	**.55**
「過去は過去」と，わりきっている	-.19	.02	**.48**
因子間相関			
II	-.26		
III	-.04	-.34	

が多い」など10項目からなる「否定的認識」が得られた。α 係数は .89 であり，十分な内的整合性が確認された。自分の過去をネガティブに認識している内容を示していた。

過去のとらえ方尺度の妥当性の検討
確認的因子分析による因子構造の検討

　探索的因子分析を行った結果得られた3つの因子構造の妥当性を検討するために，共分散構造分析によるパス解析によって確認的因子分析を行った。適合度指標は *GFI，AGFI，CFI，RMSEA* を用いた。その結果，3つの因子構造は

Table 3-1-5 「過去への認識」主成分分析結果

I　否定的認識 (α = .89)	
自分の過去は暗い思い出が多い	.82
過去は否定的なイメージである	.81
「過去」という言葉を聞くと，明るい過去より暗い過去が先に浮かぶ	.76
自分の過去はマイナスな出来事ばかりだった	.71
マイナスな出来事ばかり覚えている	.71
過去の自分が嫌いである	.69
自分の過去は明るい思い出が多い	-.68
嫌だった出来事が忘れられない	.67
過去に後悔はしていない	-.64
思い出したくない過去がある	.64
寄与	5.13
寄与率（%）	51.29

　許容される範囲の適合度を示した（「連続的なとらえ」；GFI = .920, $AGFI$ = .874, CFI = .925, $RMSEA$ = .085,「過去への態度」；GFI = .878, $AGFI$ = .835, CFI = .838, $RMSEA$ = .084,「過去への認識」；GFI = .909, $AGFI$ = .857, CFI = .935, $RMSEA$ = .092）。得られた因子構造の妥当性がある程度確認された。

構成概念妥当性の検討：収束的妥当性と弁別的妥当性の検討
　過去のとらえ方尺度の妥当性を検討するために，「連続的なとらえ」「過去への態度」「過去への認識」を因子分析した結果得られた5因子と「時間的態度」の過去と未来との間の相関を求めた。本尺度が過去のとらえ方を測定しているならば，特に過去と高い相関を示すこと（収束的妥当性），また，未来よりも過去との間に高い相関を示すこと（弁別的妥当性）が推測された。「時間的態度」の過去と未来の平均値（SD）はそれぞれ 4.68（0.95），5.21（1.15），過去と未来の相関は r = .41（p < .001）であった。各因子の得点は合計得点を項目数で除したものを下位尺度得点とし分析に用いた。以下では因子ごとに検討を行った。

収束的妥当性および弁別的妥当性の確認

　「過去のとらえ方」の全5因子と「時間的態度」の過去との相関を求めたところ，「連続的なとらえ」「否定的態度」「受容的態度」「否定的認識」と過去の間にそれぞれ $r = .25$, $r = -.44$, $r = .23$, $r = -.54$（$p < .001$）の有意な相関が見られ，「わりきり態度」を除く4因子において収束的妥当性が確認された（Table 3-1-6）。同様に未来との相関を求め，さらに過去と未来のどちらとの相関が高くなっているのかを確認するために相関の差の検定を行った。その結果，「否定的態度」と「否定的認識」において有意差が見られた（$t(243) = 4.02$, 5.59, $p < .01$）。「否定的態度」と「否定的認識」の2因子においては，未来との相関よりも過去との相関の方が統計的に有意に高く，弁別的妥当性が確認された。

　しかし，時間的展望体験尺度を作成した白井（1994）では，当該の時間の次元においてだけでなく，他の時間との間においても無視できない相関が得られている。この点に関し，白井（1994）は時間的態度尺度の3つの時間の次元間にある相関の影響を指摘し，時間的態度尺度の3つの時間の次元を統制した上で，時間的展望体験尺度の下位尺度との偏相関を算出するという対処を行った。その結果，当該の時間の次元においてだけ0.1％水準で有意な値が見られ弁別的妥当性が確認されたが，当該の特性同士の相関はそれほど高いものとはなっていなかった。Table 3-1-6 を見ると，本尺度においても過去だけでなく未来との有意な相関があり，時間的態度の過去と未来の相関は $r = .41$ であった。したがって白井（1994）と同様，過去のとらえ方の5因子と時間的態度尺度の過去と未来との偏相関を求めた。

　その結果，Table 3-1-6 に示すような結果が得られた。「否定的態度」「否定的認識」においては概ね白井（1994）と同様の結果が得られたが，「連続的なとらえ」「受容的態度」において未来との相関が得られた点が異なっていた。先行研究の知見において過去と未来の側面には関連が示唆されていることから，過去と未来の側面に有意な相関が見られたことは妥当な結果であるといえる。

　以上の結果から，「わりきり態度」を除く「過去のとらえ方」4因子の収束的妥当性が確認された。また「否定的態度」と「否定的認識」の弁別的妥当性が確認された。したがって，過去のとらえ方尺度は十分な妥当性を持っているこ

Table 3-1-6　過去のとらえ方5因子と時間的態度の過去・未来との相関，相関の比較

		相関			偏相関		
		過去	未来	t	過去	未来	平均値 (SD)
過去のとらえ方	連続的なとらえ	.25***	.23***	0.29	.17**	.14*	4.01 (0.57)
	否定的態度	-.44***	-.19**	-4.02**	-.41***	-.01	3.03 (0.86)
	受容的態度	.23***	.24***	-0.17	.15*	.17**	3.74 (0.62)
	わりきり態度	-.01	.04	-0.82	-.04	.05	2.88 (0.84)
	否定的認識	-.54***	-.21***	-5.59**	-.51***	.01	2.99 (0.81)

$n = 246$, $df = 243$
***$p < .001$, **$p < .01$, *$p < .05$

とが確認された。「わりきり態度」は，過去の出来事をわりきってとらえるという特徴を持っていることから，過去との相関が低くなったものと考えられた。

過去のとらえ方の特徴と構造

「過去のとらえ方」5因子間の関連を検討するために，各因子間の相関を求めた（Table 3-1-7）。「連続的なとらえ」は「受容的態度」との間に $r = .69$（$p < .001$）の高い正の相関が見られ，「否定的態度」「否定的認識」「わりきり態度」との間にそれぞれ $r = -.27$（$p < .001$），$r = -.22$（$p < .001$），$r = -.19$（$p < .01$）の負の相関が見られた。「否定的態度」は「否定的認識」との間に $r = .80$（$p < .001$）の高い正の相関が見られ，「受容的態度」との間に $r = -.22$（$p < .001$）の負の相関が見られた。「受容的態度」においては「わりきり態度」との間に $r = -.24$（$p < .001$）の負の相関が見られ，「わりきり態度」は「否定的認識」との間に $r = -.19$（$p < .01$）の負の相関が見られた。「否定的態度」と「わりきり態度」，「受容的態度」と「否定的認識」の間には有意な相関は見られなかった。

「連続的なとらえ」と「受容的態度」，また「否定的態度」と「否定的認識」は互いに相関が高く，その内容から先の2因子は肯定的な側面，反対に後の2因子は否定的な側面を示していることが確認された。また，肯定的な側面を示す因子と否定的な側面を示す因子の間に概ね負の低い相関が見られた。この点はジンバルドー時間的展望尺度（Zimbardo & Boyd, 1999）の内部相関の結果と同様であり，過去に対する肯定的な意識と否定的な意識には負の関連があるものの，強くないといえる。「わりきり態度」は他の全因子と低い負の相関を示し

第1節 過去のとらえ方尺度の開発（調査1，調査2） 55

Table 3-1-7 過去のとらえ方5因子の相関

		1	2	3	4	5
過去のとらえ方	1. 連続的なとらえ	―				
	2. 否定的態度	-.27***	―			
	3. 受容的態度	.69***	-.22***	―		
	4. わりきり態度	-.19**	-.03	-.24***	―	
	5. 否定的認識	-.22***	.80***	-.11	-.19**	―

$n = 252$
***$p < .001$, **$p < .01$

ていた。妥当性の検討の結果と同様，過去をわりきっていることから，過去をとらえる意識とは相関が低いことが示された。

過去のとらえ方に関する男女差の検討

過去のとらえ方の特徴を把握するため，性別を独立変数，「過去のとらえ方」5因子を従属変数としたt検定を行ったところ，「否定的態度」にのみ有意差が見られた（$t(248) = 2.29, p < .05$）。男性の方が女性より過去に対して否定的な態度をとっていた。5因子の性別ごとの平均値（SD）をTable 3-1-8に示す。白井（1997）では，「男性より女性の方が過去親和的であると考えられる」とされていた。否定的態度の結果はこの点と一致したといえるが，他の4因子において男女間の得点に有意差がなかったことから，過去のとらえ方には大きな男女差はないといえる。

考　察

調査2では，青年の過去のとらえ方を複数の側面から測定できる尺度を作成することを目的とし，調査1において作成された予備尺度項目を用いて調査を行い尺度を作成し，その信頼性と妥当性の検討を行った。

青年期における過去のとらえ方の特徴と構造

調査1の分類結果をもとに，過去のとらえ方の「連続的なとらえ」「過去への態度」「過去への認識」の3側面ごとに因子分析を行った結果，全体で5因子が得られた。これら3側面5因子を過去のとらえ方尺度とし，妥当性の検討を

Table 3-1-8　過去のとらえ方における性差の検討

		性別		t
		男性 ($n = 137$)	女性 ($n = 113$)	
過去のとらえ方	連続的なとらえ	3.93(0.63)	4.06(0.52)	-1.66
	否定的態度	3.16(0.90)	2.91(0.81)	2.29*
	受容的態度	3.70(0.66)	3.76(0.57)	-0.79
	わりきり態度	2.90(0.92)	2.84(0.72)	0.65
	否定的認識	3.09(0.86)	2.89(0.74)	1.91

*$p < .05$

行った結果，十分な妥当性が確認された。「過去のとらえ方」5因子間の相関分析を行った結果，「連続的なとらえ」と「受容的態度」は肯定的な側面を示し，反対に「否定的態度」と「否定的認識」は否定的な側面を示していた。「わりきり態度」は，過去をわりきっていることから，他の過去のとらえ方とは関連が弱かった。調査1の「連続的なとらえ」「過去への態度」「過去への認識」の全下位カテゴリーが個別に因子として見出されたわけではなかった。しかし，調査2で得られた因子は調査1の分類結果を概ね支持している。

　先行研究の知見から，過去のとらえ方には複数の側面があることが明らかにされており，本研究の結果はこの点を支持している。また，調査1で「その他」として未来に関する記述が得られた点や，調査2の妥当性の検討において過去のとらえ方の一部が未来との関連を示したことは，本研究の検討課題である現在・過去・未来の連関過程の一部を支持している。

　これまで過去のとらえ方を複数の側面から，また量的に検討できる尺度は作成されていなかった。特に「連続的なとらえ」と「わりきり態度」のような側面は質的調査では見出されてきた（大石・岡本，2010；白井，1997）が，妥当性のある尺度としては構成されてこなかった（日潟・齊藤，2007；杉山・神田，1991；Weinstein et al., 2011）。このような側面を含む過去のとらえ方尺度が作成されたことは，研究方法上大きな意義がある。

　また，調査1と調査2を通して青年の過去のとらえ方が明らかにされた。青年は，過去を自分の成長や現在，未来につながるものとしてとらえていた。また，過去に対してどのようにとらえようとしているかという点で様々な態度を

持っていた。そして，自分の過去をポジティブかネガティブかという一次元で認識している側面も見られた。これまでの研究は過去のとらえ方を測る際に，過去に対する意識のみを扱ってきた（都筑,1999；Zimbardo & Boyd, 1999）。過去をとらえる際に既に現在や未来への意識が含まれているのであれば，過去と未来を別々に扱いその関連を明らかにするのではなく，最初から時間のつながりを意識する必要があるだろう。

第2節　時間的関連性尺度の開発（調査3，調査4）

　第2節では，過去と現在，現在と未来の関連をどのように意味づけているのかという「時間的関連性」を測定するための尺度を開発する。まず調査3では，青年が過去・現在・未来をどのように関連づけているのかを面接調査を通して明らかにする。そして，得られた発話の分類結果に基づいて時間的関連性予備尺度項目の作成を行う。次に調査4では，時間的関連性予備尺度項目を用いて調査を行い，尺度作成と信頼性，妥当性の有無を検討する。

■ 青年における時間的関連性の特徴（調査3）

目　　的

　青年が自身の過去と現在の関連，および現在と未来の関連をどのように意味づけているのかという時間的関連性を面接調査を通して明らかにする。

方　　法

調査協力者

　都内私立大学生29名（男性14名，女性15名，平均年齢19.38歳（$SD = 0.94$），年齢範囲18-22歳，1年生18名，2年生4名，3年生4名，4年生3名）が，集団調査および個別調査に参加した。

調査時期

　2012年10月から2013年1月にかけて，集団調査と個別調査が実施された。

調査手続き

　2012年7月末から調査協力者募集のためのチラシを都内私立大学内に掲示し，調査協力者を募集した。また，「心理学統計」および「心理学」に関する授業時間内に筆者が調査募集のアナウンスを行った。調査への参加は調査協力者の自発的な応募によった。まず，集団で展望地図の作成を行った。その後，展望地図に基づく面接調査を個別に実施した。面接時間は約60分前後であった。展望地図作成前と面接調査の後には，時間的展望に関する質問紙への回答を求めた。調査協力者には，2回の調査を通して1,000円相当の謝礼が支払われた。調査は全て筆者によって行われた。

　面接における倫理的配慮として，次の3点を募集時に明示した。また，調査の際には再度確認を行った。①作成された地図に関しては写真撮影を行い，インタビューでは録音をお願いした。調査で得られた記録と結果は，研究目的（学会および論文としての発表など）以外に使われることは一切ないこと，インタビューの音声は公開されないことを伝えた。また，個人が明らかになることは一切ないことを伝えた。②名前，連絡先，データに関する管理は筆者が厳重に管理を行うことを伝えた。③その他注意点として，面接は調査を目的としているため，カウンセリングなどは行っていないことを伝えた。

調査内容

　（1）フェイスシート（性別，年齢，学年，学部）

　（2）展望地図法（園田, 2011）：展望地図法は，園田（2011）によって開発された「自分自身に関する記述を時間軸に沿って空間的に配列し，過去・現在・未来の自分がどのように関連しながら変化していくかを視覚的に確かめる技法」である。展望地図の作成によって時間的展望の形成を促すとされる。「私の過去（または現在，未来）は」に続く短文または単語を用意された色の異なる付箋にそれぞれ5項目以上書いてもらったあと，A3画用紙に「『私』はどこから来て（過去），今どこにいて（現在），どこに行くのか（未来）」というイメージになるよう配置してもらった。このとき，時間の流れが分かるようにすることと，似た内容の言葉を近くに集めることに注意を促した。次に，それらに関連があればペンを用いて線で結び，どんな関連があるかという線の意味やその

他，地図を見た人が分かりやすくなるように必要な説明を記入してもらった。地図の作成にかかる時間は約60分前後であった。

展望地図を作成するため，次の材料を使用した。「私の過去（または現在，未来）は」に続く短文または単語を記入してもらうために，付箋（75mm × 25mm，3色）を使用した。ピンク色の付箋に「現在」，青色の付箋に「過去」，黄色の付箋に「未来」に関して記入してもらうようにした。付箋を配置させるために画用紙（A3サイズ）を使用し，付箋を貼り付ける際に糊を用いた。また，付箋同士の関連を記入するため，ボールペン（黒）を用いた。あとから付箋を足す場合には，赤いボールペンを使用した。展望地図を記録するためデジタルカメラを使用した。

(3) 展望地図に基づく半構造化面接：時間的関連性を明らかにするため，展望地図に基づく半構造化面接を行った。展望地図には，過去・現在・未来の自分とその関連が表現されており，視覚的に見ることが出来るため，地図に基づいて面接を行うことで時間的関連性を抽出できると考えられた。まず，作成された地図に関して調査協力者の自由な説明を求めた。その後，時間的関連性に関して不明な点があれば，適宜インタビュアーが地図に基づいて質問を行った。面接調査で用いられた質問内容を Table3-2-1 に示す。会話内容は，調査協力者の了解を得てICレコーダーに録音された。面接の録音データは逐語文字化され，分析資料とされた。

結果と考察

面接における発話内容の分類

面接において得られた発話を，先行研究を参考に分類した。面接では調査協力者ごとにいくつかのエピソードが得られた。そのため，まず発話内容からエピソードを抽出した。エピソードは，調査協力者の自発的な説明および Table 3-2-1 の2 (3) の質問により得られた，過去と現在，現在と未来の関連に関する発話を中心に抽出した。その結果，過去と現在の関連に関するエピソードとして，全体で152個，平均5.24個のエピソードが得られた。現在と未来の関連に関するエピソードとしては，全体で124個，平均で4.28個のエピソードが得られた。次に，これらのエピソードに対してラベルづけを行った。これをデータ

Table 3-2-1 展望地図に基づく面接調査における質問内容

---
1. 展望地図の説明（調査協力者による自発的な説明）
(1) 変更点，またはなくなった箇所はないか。もしあれば，緑のペンで書き込んでもらった。その際，適宜どこが変化したのか，いつ変化したのか，なぜ変化したのか，どのように変化したのかについて質問した。
(2) 地図の説明を求めた。最初は自由に説明をしてもらった。このとき，説明中に変更点があれば，先と同様に緑のペンで書き込んでもらった。
2. 展望地図の説明（インタビュアーからの質問への回答としての説明）
調査協力者の説明によって，以下の点が分からなかった際には，インタビュアーから質問した。
(1) 全体的な地図のイメージ（ポジティブ，ネガティブ）はあるか。なぜ作成した地図のように付箋を配置（その形に）したのか。過去・現在・未来の関係はどのようになっているか。
(2) 具体的な出来事が起こった，起こる年齢。
(3) 具体的な線の関連。例えば，「AとBはなぜつながっているのですか？ なぜつながっていないのですか？」等の質問を行った。またAとBの出来事の間に，自己の変化等が見られた場合，「AがBに変わったのはなぜですか？」等たずねた。
(4) 地図の中で，自分にとって大事なところはあるか。あった場合，いつから大切か，なぜ大切なのかについて質問した。
(5) 職業的な目標，日常での目標，またはやりたいことがあるか。そのために現在行動していることはあるか。
(6) 全体的な地図のイメージ（再度） 具体的な内容に関して説明を一通り求めた後，もう一度全体的な地図のイメージをたずねた。過去・現在・未来の関係はどのようになっているか。分けられた領域ごとに過去・現在・未来の関係がどうなっているか（同じか，違うか）。
3. 現在についての質問
(1) 現在の生活に関して，次の2点をたずねた。
①どのような生活をしているか。②充実しているか，満足しているか，どう評価しているか。
(2) 自分の性格はどのような性格だと思うか。
4. これまでの人生についての質問
(1) 自分の人生をどう認知しているか。
5. 調査に参加した感想：以上1から4までの質問を終えた後，調査の感想を求めた。
(1) 説明しやすいところと説明しにくいところはあったか。
(2) 地図を作ってみての感想（気付いたこと，意識するようになったこと，考えるようになったこと）。
(3) インタビューを受けての感想（説明してみての感想，説明する前と後の違い，今考えていること）。

として発話内容の分類を行った。また，過去と未来の関連性に関するエピソードも見られたが，発話量が少なかったため分析からは除外した。

分類は次の基準で行われた。展望地図では「変化してきた自己」「これから変化していく可能性のある自己」を表現できると考えられている（園田, 2011）。また，このような変化は過去と現在の関連を扱った研究でも示されてきた

（McAdams et al., 1997；McAdams et al., 2001；小田部ら, 2009；杉浦, 2001）。そのため，まず変化の有無によって大きくエピソードを分類した。次に，これらの変化，または変化してこなかったことに関して，どのように意味づけているのかをポジティブか，ネガティブかという軸で判断を行い，分類した。分類の結果得られたカテゴリーとその内容を Table 3-2-2 に示す。

過去－現在の関連性および現在－未来の関連性

　過去と現在のつながりでは「変わった」こと，または「変わらない」ことに対する「ポジティブ」または「ネガティブ」な評価，そして「環境変化」に分類可能であった。現在と未来のつながりでは「変わらないだろう」，「変わっていきたい」ことに対する「ポジティブ」または「ネガティブ」な評価や感情，そして「環境変化」に分類可能であった。ただし，現在－未来の関連性における「変化」の「ネガティブ」と，「一貫性」の「ネガティブ」は内容が類似しており，またネガティブな内容が少なかった。青年期は自己形成意識や自己変容意識が高まる時期であり，その意識は基本的には良い方向に変わりたいという「変化」を中心とした未来への意識が存在しているといえる。したがって，現在－未来関連性においては，ネガティブな評価を伴う変化が少なかったと考えられる。また，「環境変化」に関しては，小沢（2002）がいう居場所の「相補性」から考えられる。特に，過去－現在の関連性における「環境変化」では高校と大学自体の違いや，高校と大学での自分の状況の違いなどが多く言及された。大学という場所で，これまで出来なかったことをしようという青年の意識がうかがえた。

過去－現在，現在－未来の関連性予備尺度項目の作成

　面接調査で得られた発話に基づき項目の作成を行った。過去と現在，現在と未来のそれぞれで「変わること／変わらないこと」，「ポジティブ／ネガティブ」という軸をもとに，発話内容を参考に項目を作成した。青年が自身の過去から現在にかけての変化の有無を肯定的に意味づけているかどうか，自身の現在から未来にかけての変化の有無を肯定的に意味づけているかどうか，に関して問う尺度項目がそれぞれ20項目ずつ，全40項目作成された。

Table 3-2-2 エピソードの分類結果と概念説明および発話例

関連性	カテゴリー（発話数）		概念説明および発話例
	変化の軸	肯定性の軸	
過去 - 現在 (159)	変化 (105)	ポジティブ (59)	過去の出来事のおかげで，現在の自分や状況が変わったことに対し，ポジティブにとらえている。自己理解が促進されたなどの変化も含まれる。「あのとき怒ってもらったおかげで，良い方向に変わることができた。」「段々自分の性格がわかるようになってきた。」
		ネガティブ (32)	過去の出来事のせいで，現在の自分や状況が変わったことに対し，ネガティブにとらえている。または過去の良かった思い出が，現在においてネガティブにとらえられている。「過去の出来事のせいで，人の目を気にするようになってしまった。」「過去は楽しかった。だけど過去にちゃんと進路を考えておかなかったから，今迷ってしまっている。」
	一貫性 (34)	ポジティブ (17)	過去から現在にかけて，一貫してあるように感じている自己の性質や，変わらない環境があり，それに対しポジティブにとらえている。「ずっと周囲に恵まれている。」「昔から今までずっと頑張っている自分がいて，アイデンティティみたいなもの。」
		ネガティブ (12)	過去から現在にかけて，一貫してあるように感じている自己の性質や，変わらない環境があり，それに対しネガティブにとらえている。「過去から現在まで，ずっとネガティブ。」「昔から今まで，ずっと努力をしてこなかった。」
	環境変化(20)		環境に変化があったという内容を示す。「高校と大学では自由度に違いがある。」「高校では遊べなかったから，大学では遊びたい。」
現在 - 未来 (139)	変化 (99)	ポジティブ (67)	現在から未来にかけて，変わっていくことに対して，ポジティブにとらえている。「これからもっとよくなるように，がんばっていきたい。」「今から，自分のダメなところを直していくことで，未来はよくなると思う。」
		ネガティブ (18)	現在から未来にかけて，自分のネガティブな特性や環境を変えることに対して，自信のなさや諦めを示す。「変わりたいけど，きっと変わらないと思う。」「今，やりたいこととか価値観を見つけたいと思って行動しても，結局何も見つからないかもしれない。」

現在-未来 (139)	一貫性 (40)	ポジティブ (33)	現在から未来にかけて，ポジティブに感じる自分や環境が，引き続きあって欲しいという思いを示す。また，引き続きあるだろうという自信も含まれる。今の自分があれば，未来の自分も大丈夫だと思う。「今までなんだかんだうまくやってこれたから，これからも何とかなるんじゃないかと思う。」「このままマイペースな自分であり続けたい。」
		ネガティブ (6)	現在から未来にかけて，変われないかもしれない，何もしなければこのままかもしれない，こうなってしまうのではないかといった内容を示す。「自分の短気なところは，このまま変わらないと思う。」「今のまま続いていけば，将来は疲れて病気になっていると思う。」
	環境変化 (6)		環境が変われば自分も変わると思う，など環境の変化についての考えを示す。ポジティブやネガティブといった評価の伴わないもの。「社会人になったら友達となかなか会えなくなるから，今遊んでいる。」「社会人になったら1人暮らしをする。」「環境が変われば自分も変わると思う。」

注1）環境の一貫性に関しては，過去-現在で1個のみ，現在-未来では発話が見られなかったため，表からは省略した。また「その他」の記述も見られた（全体で27個の発話）が，内容に特徴が見られなかったため，表からは省略した。

注2）複数のカテゴリーに分類された発話があるため，下位カテゴリーの合計数と得られた発話数は一致していない。

■ 時間的関連性尺度の作成と妥当性の検討（調査4）

目　的

　本調査では，青年が自身の過去と現在，現在と未来の関連をどのように意味づけているのかという時間的関連性を測定することが出来る尺度を作成し，尺度の信頼性および妥当性を検討する。

方　法

調査協力者

　都内私立大学生406名（男性132名，女性274名，平均年齢19.14歳（$SD =$

0.93），年齢範囲 18-25 歳，1 年生 116 名，2 年生 267 名，3 年生 13 名，4 年生 10 名）が調査に参加した。

調査時期

調査は 2014 年 5-7 月に実施された。

調査手続き

質問紙は A 大学における「心理学基礎実験」「心理統計法」の講義，B 大学における「教育心理学」，C 大学における「測定法」，D 大学における「心理統計法」に関する講義時間に配布，回収された。A 大学，B 大学における調査は筆者によって行われた。C 大学，D 大学，E 大学における調査は，それぞれの大学に勤務，また講義を担当する教員に委託された。回答にかかる時間は約 20 分であった。

調査内容

(1) フェイスシート（性別，学年，年齢，学部）

(2) 時間的関連性予備尺度項目（40 項目）：調査 3 で作成された。下位尺度として「過去－現在関連性尺度」，「現在－未来関連性尺度」の 2 つが設定された。それぞれ，青年が自身の過去から現在にかけての変化の有無を肯定的に意味づけているかどうか，自身の現在から未来にかけての変化の有無を肯定的に意味づけているかどうか，に関して問うものであった。「そう思わない（1）」から「そう思う（5）」の 5 件法で回答を求めた。

(3) Locus of Control 尺度（鎌原・樋口・清水, 1982）：時間的関連性尺度の妥当性を検討するために用いた。「あなたは，何でも，なりゆきにまかせるのが一番だと思いますか。」などの全 18 項目から構成される。鎌原ら（1982）に倣い，「そう思わない（1）」から「そう思う（4）」の 4 件法で回答を求めた。得点が高いほど内的統制の傾向が強いことを示す。時間的展望は自己統制感と高い相関を持つことが明らかにされている（杉山, 1994；都筑, 1999；白井, 1997）。時間的関連性尺度は，自身の過去，現在，未来とその関係を自身で変えることが出来るか出来ないかといった側面を含んでいるため，自己統制感の高さと過去－

現在関連性および現在 – 未来関連性における変化の側面の高さは強い関連を持つと考えられた。

（4）計画性，時間管理（都筑, 1999）：都筑（1999）が作成した目標意識尺度のうち，「計画性」「時間管理」としてまとめられた下位尺度であり，時間的関連性尺度の妥当性を検討するために用いた。「計画性」は「私は混乱が生じないように日々の活動を管理している」などの 5 項目から構成される。「時間管理」は「私は物事を時の弾みで決定してしまうことが多い（逆転項目）」などの 5 項目から構成される。合わせて全 10 項目を使用した。都筑（1999）に倣い，「全くあてはまらない（1）」から「とてもあてはまる（5）」の 5 件法で回答を求めた。それぞれ得点が高いほど「計画性」を持ち，「時間管理」能力が高いことを示す。「計画性」および「時間管理」は，時間的展望を構成する基礎的認知能力として位置づけられている（都筑, 1999）。したがって，これらの得点が高ければ，時間的関連性の得点も高くなると考えられた。

結　果

尺度の構成

　Locus of Control 尺度，計画性，時間管理に関して，信頼性係数（Cronbach の α 係数）を算出した結果，Locus of Control 尺度 $\alpha = .75$，計画性 $\alpha = .81$，時間管理 $\alpha = .82$ であった。

過去 – 現在関連性尺度，現在 – 未来関連性尺度の探索的因子分析と信頼性の検討

　過去 – 現在関連性尺度，現在 – 未来関連性尺度それぞれに対し因子分析（最尤法, promax 回転）を行った。1 つの因子にのみ絶対値 .40 以上の負荷量を示す項目を選択，複数の因子に高い負荷量を示す項目を削除するという基準で項目の取捨選択を行った。

過去 – 現在関連性尺度の因子分析

　過去 – 現在関連性に関する 20 項目に対して因子分析を行った（最尤法, promax 回転）結果，最終的に 4 因子が得られた（Table 3-2-3）。「過去から現在にかけて変わったことで，良かったと思う面がある」などの 5 項目からなる

「変化への肯定」,「過去から現在にかけて,自分にとって変わらずに好きなことがある」などの4項目からなる「肯定的一貫性」,「過去の出来事のせいで,自分は変わってしまったと思う」などの4項目からなる「変化への否定的評価」,「自分には,過去から現在にかけて,変わらない嫌なところがある」などの3項目からなる「否定的一貫性」の4因子が抽出された。$α$ 係数は .69 – .82 であり,十分な内的整合性が確認された。

現在 – 未来関連性尺度の因子分析

現在 – 未来関連性尺度に関する20項目に対して因子分析を行った（最尤法,promax回転）結果,最終的に3因子が得られた（Table 3-2-4）。「今から未来に向けて,良くなれるように頑張りたい」などの5項目からなる「改善への希望」,「今もこれからも,自分らしくあり続けたい」などの4項目からなる「一貫性の希望」,「今から未来にかけて,自分の中でダメだと思う面は,変わらないと思う」などの3項目からなる「否定的一貫性の予測」の3因子が抽出された。$α$ 係数は .71 – .77 であり,十分な内的整合性が確認された。

過去 – 現在関連性尺度,現在 – 未来関連性尺度の妥当性の検討
確認的因子分析による因子構造の検討

探索的因子分析を行った結果得られた過去 – 現在関連性尺度,現在 – 未来関連性尺度に関する因子構造の妥当性を検討するために,共分散構造分析によるパス解析によって確認的因子分析を行った。適合度指標として,GFI, $AGFI$, CFI, $RMSEA$ を用いた。分析の結果,得られた2つの因子構造はそれぞれ十分な適合度をもっていた（現在 – 未来関連性尺度：$GFI = 0.95$, $AGFI = 0.92$, $CFI = 0.94$, $RMSEA = 0.062$, 過去 – 現在関連性尺度：$GFI = 0.93$, $AGFI = 0.90$, $CFI = 0.92$, $RMSEA = 0.063$）。得られた因子構造の妥当性が確認された。

LOC,計画性,時間管理による基準関連妥当性の検討

過去 – 現在関連性,現在 – 未来関連性は,青年が自身の過去から現在にかけての変化の有無を肯定的に意味づけているかどうか,自身の現在から未来にかけての変化の有無を肯定的に意味づけているかどうかに関して問う尺度であり,過去・現在・未来を認識した上でそれらをさらに関連づけるという作業を要求

する。このような抽象的な能力は基礎的認知能力に依存することが考えられた。また，時間的展望は統制感と関連があることも明らかにされてきた。したがって，時間管理，計画性，LOC との相関関係を分析した。その結果，Table 3-2-5 に示す結果が得られた。

過去－現在関連性における基準関連妥当性

時間管理と過去－現在関連性の相関分析の結果，「変化への否定的評価」（$r = -.08$）以外の「変化への肯定」「肯定的一貫性」「否定的一貫性」との間に，順に $r = .14$，$r = .17$，$r = -.25$（$p < .01 - .001$）の有意な相関が見られた。また，計画性との相関分析の結果，「否定的一貫性」との間に $r = -.16$（$p < .01$）の有意な相関を示した。最後に，LOC との相関分析の結果，「否定的一貫性」（$r = -.06$）以外の「変化への肯定」「肯定的一貫性」「変化への否定的評価」との間に，順に $r = .41$，$r = .29$，$r = -.21$ の有意な相関を示した（$p < .001$）。

現在－未来関連性における基準関連妥当性

時間管理と現在－未来関連性の相関分析の結果，「改善への希望」（$r = .04$）以外の「一貫性の希望」「否定的一貫性の予測」との間に，順に $r = .27$，$r = -.17$（$p < .001$）の有意な相関が見られた。また，計画性との相関分析の結果，「改善への希望」（$r = .01$）以外の「一貫性の希望」「否定的一貫性の予測」との間に，順に $r = .13$，$r = -.18$（$p < .01 - .001$）の有意な相関が見られた。最後に，LOC との相関分析の結果，「改善への希望」「一貫性の希望」「否定的一貫性の予測」との間に，順に $r = .39$，$r = .34$，$r = -.36$（$p < .001$）の有意な相関が見られた。

以上，LOC，計画性，時間管理との相関分析の結果，ほぼ全ての下位尺度と相関が得られていることから，時間的関連性尺度は十分な基準関連妥当性を持っていると判断された。

考　察

調査 4 では，過去と現在，現在と未来の関連をどのように意味づけているのかという「時間的関連性」を測定するための尺度を開発することを目的とした。調査 3 で得られた発話の分類結果に基づいて作成された時間的関連性予備尺度項目を用いて質問紙調査を行った結果，過去－現在関連性に関しては「変化へ

の肯定」「肯定的一貫性」「変化への否定的評価」「否定的一貫性」の4因子から構成される尺度が開発された。現在－未来関連性に関しては「改善への希望」「一貫性の希望」「否定的一貫性の予測」の3因子から構成される尺度が開発された。確認的因子分析を行った結果，因子構造は十分な適合度を持っており，妥当性が確認された。LOC，計画性，時間管理との関連から基準関連妥当性の検討を行った結果，全ての因子がいずれかの尺度と有意な相関を示しており，基準関連妥当性を持っていることが確認された。

　本研究で開発された「時間的関連性」を測定するための尺度は，これまでの時間的展望研究では開発されてこなかった。過去・現在・未来の関連を測定する際にはサークル・テスト（Cottle, 1967）が用いられることが多く，そこでは青年によって描かれた過去・現在・未来を示す円の位置関係から時間的な統合度が検討されてきた。しかし，実際には青年が過去と現在の関連をポジティブに見ているのかネガティブに見ているのか，また現在と未来の関連をポジティブに見ているのかネガティブに見ているのかといった質的側面は推測に留まり明らかにされていない。また，先行研究では過去・現在・未来をどう語るか，またそれぞれの肯定性による組み合わせなどに基づいて時間的展望の構造が検討されているが，そこでは過去がネガティブで現在がポジティブといったとき，その間がポジティブかネガティブかといったことは明らかにされていない（奥田，2008；小野・五十嵐，1988）。本研究によって，過去と現在，現在と未来の関連をどのように意味づけているのかという点を測定する尺度が開発されたことにより，これまで推測に留まっていた関連を直接測定できるようになった。

　また，妥当性を検討した結果から，時間管理や計画性といった基礎的認知能力に支えられることによって過去と現在，現在と未来の関連をとらえることが出来ることも示された。さらに，自己統制感において内的統制が高いものほど過去と現在をポジティブに意味づけており，また現在と未来に対してもポジティブに意味づけることが示唆された。

Table 3-2-3　過去 - 現在関連性尺度の因子分析結果（最尤法, promax 回転）

	I	II	III	IV
I　変化への肯定 (α = .82)				
9. 過去から現在にかけて変わったことで，良かったと思う面がある	**.77**	.05	-.05	.08
1. 自分には，過去から現在にかけて，良くなったところがある	**.73**	-.03	-.04	.07
13. 過去の出来事のおかげで，良い方向に変わることができたと思う	**.72**	-.09	.08	-.07
5. 過去の出来事のおかげで，良くなったところがある	**.65**	-.01	-.08	.07
17. 過去から現在にかけて変わったことで，満足している面がある	**.56**	.17	.13	-.16
II　肯定的一貫性 (α = .79)				
19. 過去から現在にかけて，自分にとって変わらずに好きなことがある	-.09	**.81**	.01	.02
15. 過去から現在にかけて，自分の中で好きなところがある	.02	**.76**	.00	-.07
7. 過去から現在にかけて，自分らしくていいと思うところがある	.11	**.65**	-.06	.02
11. 過去から現在にかけて，自分の中で大切だと思う面がある	.24	**.40**	.06	.07
III　変化への否定的評価 (α = .71)				
10. 過去の出来事のせいで，自分は変わってしまったと思う	.13	-.03	**.70**	-.15
18. 過去から現在にかけて変わったことで，嫌だと感じる面がある	-.06	.07	**.69**	.07
14. 過去から現在にかけて変わったことで，良くないと思う面がある	-.07	.07	**.60**	.16
6. 過去の出来事のせいで，自分の性格がネガティブな方向に変わってしまったと思う	-.02	-.24	**.41**	.03
IV　否定的一貫性 (α = .69)				
8. 自分には，過去から現在にかけて，変わらない嫌なところがある	-.03	-.03	.02	**.72**
4. 自分には，過去から現在にかけて，変わらないダメなところがある	.02	.03	-.09	**.68**
16. 自分には，過去から現在にかけて，変わって欲しいのに変わらないところがある	.08	.00	.11	**.58**
因子間相関				
II	.66			
III	-.17	-.24		
IV	-.06	-.12	.46	

第3節　本章のまとめ

　第3章では，青年における「過去のとらえ方」と「時間的関連性」の内容を明らかにし，これらを測定するための尺度を開発することを目的とした。
　第1節では，過去のとらえ方尺度の開発を行うことを目的とした。調査1で

Table 3-2-4 現在・未来関連性尺度の因子分析結果（最尤法，promax 回転）

	I	II	III
I　改善への希望 （α = .77）			
9. 今から未来に向けて，良くなるように頑張りたい	**.81**	.07	.01
5. 今から未来に向けて，成長していきたいと思う	**.80**	.06	.00
1. 現在の生活でダメなところを改善して，自分の未来を良くしたい	**.65**	-.12	-.08
13. 今から未来にかけて，自分が変わる必要があるときには，積極的に関わりたい	**.54**	.12	-.09
16. 今から未来にかけて，今のままではダメだと思うところがある	**.45**	-.14	.17
II　一貫性の希望 （α = .74）			
7. 今もこれからも，自分らしくあり続けたい	.06	**.72**	.05
15. 今もこれからも，自分の中で変わらないだろうと思う良い面がある	-.06	**.70**	-.07
11. 今もこれからも，自分なりに大事だと思う生き方の指針がある	-.10	**.68**	-.01
19. 今もこれからも，好きであり続けるだろうと思うことがある	.03	**.53**	.06
III　否定的一貫性の予測 （α = .71）			
8. 今から未来にかけて，自分の中でダメだと思う面は，変わらないと思う	.01	.02	**.84**
4. 自分のダメなところは，未来でもそれほど今と変わらないと思う	-.05	.10	**.69**
20. 今から未来にかけて，自分の嫌なところはなくならないと思う	.08	-.10	**.53**
因子間相関			
II	.35		
III	-.33	-.41	

Table 3-2-5 時間的関連性と時間管理，計画性，LOC の相関分析結果

	時間管理	計画性	LOC	平均値 (SD)
過去 - 現在関連性				
変化への肯定	.14**	.08	.41***	4.00(0.80)
肯定的一貫性	.17***	.09†	.29***	3.75(0.89)
変化への否定的評価	-.08	-.08†	-.21***	3.46(0.93)
否定的一貫性	-.25***	-.16**	-.06	4.43(0.64)
現在 - 未来関連性				
改善への希望	.04	.01	.39***	4.45(0.57)
一貫性の希望	.27***	.13*	.34***	3.85(0.85)
否定的一貫性の予測	-.17***	-.18***	-.36***	3.40(0.90)

***p < .001，**p < .01，*p < .05，†p < .10

は，青年が過去をどのようにとらえているのかを明らかにすることを目的とし，過去のとらえ方に関する自由記述調査を行った。そして，得られた結果に基づいて過去のとらえ方予備尺度項目 94 項目が作成された。次に，調査 2 では，調査 1 で作成された予備尺度を用いて調査を行い，過去のとらえ方尺度の作成と信頼性および妥当性の有無を検討する事を目的とした。その結果，「連続的とらえ」「否定的態度」「受容的態度」「わりきり態度」「否定的認識」の 5 下位尺度から構成される，妥当性のある過去のとらえ方尺度が作成された。

　第 2 節では，過去と現在，現在と未来の関連をどのように意味づけているのかという「時間的関連性」を測定するための尺度を開発することを目的とした。まず，過去・現在・未来を可視化させた展望地図に基づき面接調査を行った。面接調査における発話を分類した結果，青年の過去と現在，現在と未来の関連は，「変化の軸」と「肯定性の軸」によってとらえられることが明らかにされた。分類結果に基づき時間的関連性予備尺度項目が作成され，過去－現在関連性尺度および現在－未来関連性尺度のそれぞれで 20 項目ずつ作成された。次に，調査 4 では時間的関連性予備尺度項目を用いて調査を行い，尺度作成と妥当性の有無を検討することを目的とした。その結果，「変化への肯定」「肯定的一貫性」「変化への否定的評価」「否定的一貫性」の 4 下位尺度から構成される過去－現在関連性尺度と，「改善への希望」「一貫性の希望」「否定的一貫性の予測」の 3 下位尺度から構成される現在－未来関連性尺度が作成された。因子構造の妥当性および尺度の基準関連妥当性が確認され，十分な妥当性を持っていた。

　以上の検討の結果，本章では以下の結論が得られた。
(1) 青年の過去のとらえ方を，「連続的とらえ」「否定的態度」「受容的態度」「わりきり態度」「否定的認識」の 5 つの側面からとらえることの出来る過去のとらえ方尺度が開発された。
(2) 青年が過去と現在，現在と未来の関連をどのように意味づけているかという側面を，変化と肯定性の軸からとらえることの出来る時間的関連性尺度が開発された。

第4章
現在の状況によって規定される過去のとらえ方

　第4章では，第3章第1節で開発された過去のとらえ方尺度を用いて調査を行い，青年の現在という時点によって過去のとらえ方がどのように規定されるのかを明らかにする。第1節では現在における正の生活感情として充実感を取り上げ，充実感の程度によって過去のとらえ方が異なるかどうかを検討する。第2節では現在における負の生活感情であり目標の喪失に関わるものとして空虚感を取り上げ，空虚感の程度によって過去のとらえ方が異なるかどうかを検討する。第3節では現在の行動に関わる側面として大学生活の過ごし方を取り上げ，大学生活の過ごし方タイプによって過去のとらえ方が異なるかどうかを検討する。

第1節　現在における充実感の程度による過去のとらえ方の違い（調査5）

目　　的

　現在における生活感情の肯定的感情として充実感を取り上げ，充実感得点の高い青年，中程度の青年，低い青年で，過去のとらえ方がどのように異なるのかを明らかにする。

方　　法

調査協力者
　調査協力者は調査2と同一であった。

調査時期および調査手続き

調査2と同一であった。

調査内容

(1) フェイスシート（性別，学年，年齢）

(2) 充実感：白井（1994, 1997）の作成した時間的展望体験尺度のうち「充実感」としてまとめられたものを用いた。「毎日の生活が充実している」などの5項目から構成される。回答方法は白井（1994, 1997）と同様の5件法であった。得点が高いほど，充実感が高いことを示す。

(3) 過去のとらえ方尺度36項目（調査2で作成された）

結　果

尺度の構成

充実感に関して信頼性係数（Cronbachのα係数）を算出した結果，$\alpha = .79$であった。過去のとらえ方尺度の信頼性係数は，第3章第1節，調査2の通りであった。

充実感の程度による過去のとらえ方の違い

充実感の平均値（$Mean = 3.28, SD = 0.85$）を用いて，調査協力者を充実感低群（$n = 86$, Lowest - 2.852），中群（$n = 87$, 2.853 - 3.705），高群（$n = 78$, 3.706 - Highest）に分類した。次に，充実感の3群を独立変数，過去のとらえ方の各5下位尺度得点を従属変数とした一要因の分散分析を行った。その結果，「わりきり態度」以外の「連続的とらえ」「否定的態度」「受容的態度」「否定的認識」において，有意差が見られた（$F(2, 248) = 9.98, 16.97, 3.19, 18.70, p < .001 - .05$）ため，TukeyHSD法による多重比較を行った。「連続的とらえ」では，充実感低群（$M = 3.91$），中群の得点（$M = 3.87$）よりも高群の得点（$M = 4.23$）が有意に高かった。「否定的態度」では，充実感高群の得点（$M = 2.60$）よりも，中群（$M = 3.16$），低群（$M = 3.31$）の得点が有意に高かった。「否定的認識」では充実感高群の得点（$M = 2.58$）よりも，中群（$M = 3.10$），低群（$M = 3.29$）の得点が有意に高かった。「受容的態度」では有意差は見ら

第1節　現在における充実感の程度による過去のとらえ方の違い（調査5）

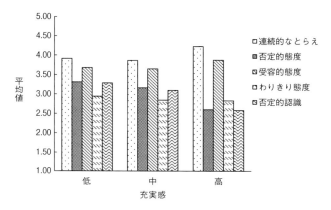

Figure 4-1-1　充実感の程度による過去のとらえ方の違い

れなかった。

　充実感高群は低群，中群よりも過去を現在や未来と連続しているものとしてとらえていた。また，中群と低群は高群よりも過去に対して否定的な態度をとっており，さらに否定的に認識していた（Figure 4-1-1）。

考　察

　調査5では，現在における生活感情の肯定的感情として充実感を取り上げ，充実感得点の高い青年，中程度の青年，低い青年で，過去のとらえ方がどのように違うのかを明らかにすることを目的とした。その結果，充実感の程度によって過去のとらえ方が異なることが示された。充実感が高い青年は充実感の低い青年，充実感が中程度の青年よりも過去に対して受容的な態度をとっており，過去を現在や未来と連続しているものとしてとらえていた。また，充実感の低い青年と中程度の青年は，充実感が高い青年よりも過去に対して否定的な態度をとっており，さらに否定的に認識していた。Ross & Wilson (2000) の指摘をふまえると，充実感の高い青年は充実感の高い現在に結びつくように過去をポジティブなものとしてとらえ，一方で充実感の低い青年は充実感の低い現在に結びつくように過去をネガティブなものとしてとらえている可能性がある。

　また，充実感は広く青年の生活全般に関わって生じる生活感情である（内田，

1990)。どのような活動でも，その活動を通して充実感が得られることが重要といえる。従来，未来への展望との関連でも充実感を持つことは重要とされてきた（溝上，2011；園田，2003）。時間的展望の起点としての現在を充実させることは，現在・過去・未来という連関過程の始まりとして重要な意味を持つ。青年の現在を充実させるよう介入していくことで，過去のとらえ方が肯定的に変化する可能性がある。

第2節　現在における空虚感の程度による過去のとらえ方の違い（調査6）

目　的

現在における生活感情の否定的感情として空虚感を取り上げ，空虚感得点の高い青年，中程度の青年，低い青年で過去のとらえ方がどのように異なるのかを明らかにする。

方　法

調査協力者

都内私立大学生 314 名（男性 141 名，女性 172 名，性別不明 1 名，平均年齢 19.39 歳（$SD = 1.37$），年齢範囲 18-27 歳，1 年生 150 名，2 年生 96 名，3 年生 35 名，4 年生 31 名，5 年生 1 名，学年不明 1 名）が質問紙調査に参加した。

調査時期

調査は 2011 年 5 月に実施された。

調査手続き

質問紙は A 大学における「心理学統計」「社会心理学」の講義で一斉に配布，回収された。調査は筆者によって行われた。回答にかかる時間は約 15 分であった。

調査内容

（1）フェイスシート（性別，学年，年齢）

（2）空虚感：都筑（1999）が作成した目標意識尺度の下位尺度のうち「空虚感」としてまとめられたものを用いた。「私は目標を持って生活している（逆転項目）」などの5項目から構成される。得点が高いほど空虚感が高いことを示す。

（3）過去のとらえ方（調査2で作成された）

結　果

尺度の構成

空虚感，過去のとらえ方尺度の下位尺度に関して信頼性係数（Cronbach の α 係数）を算出した結果，空虚感 $\alpha = .75$，連続的とらえ $\alpha = .89$，否定的態度 $\alpha = .79$，受容的態度 $\alpha = .82$，わりきり態度 $\alpha = .68$，否定的認識 $\alpha = .90$ であった。

空虚感の程度による過去のとらえ方の違い

空虚感の平均値（$Mean = 2.91$，$SD = 0.87$）を用いて，調査協力者を空虚感低群（$n = 105$, Lowest-2.474），中群（$n = 103$, 2.475-3.342），高群（$n = 106$, 3.343-Highest）に分類した。次に，空虚感の3群を独立変数，過去のとらえ方の各5下位尺度得点を従属変数とした一要因の分散分析を行った。その結果，「わりきり態度」以外の「連続的とらえ」「否定的態度」「受容的態度」「否定的認識」において有意差が見られた（$F(2, 311) = 20.99, 10.89, 17.42, 9.05, p < .001$）ため，TukeyHSD 法による多重比較を行った。「連続的とらえ」では，空虚感高群の得点（$M = 3.60$）よりも中群の得点（$M = 3.82$）が高く，さらにこの2群よりも低群の得点（$M = 4.17$）が有意に高かった。「否定的態度」では，空虚感低群（$M = 3.16$）と中群の得点（$M = 3.29$）よりも高群の得点（$M = 3.69$）が有意に高かった。「受容的態度」では，空虚感高群の得点（$M = 3.37$）よりも中群の得点（$M = 3.60$）が高く，さらにこの2群よりも低群の得点（$M = 3.91$）が有意に高かった。「否定的認識」では，空虚感低群（$M = 3.05$）と中群の得点（$M = 3.13$）よりも高群の得点（$M = 3.52$）が有意に高かった（Figure 4-2-1）。

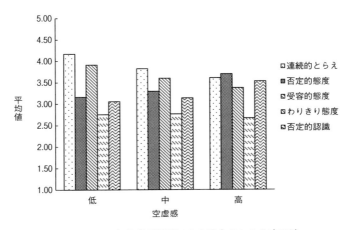

Figure 4-2-1　空虚感の程度による過去のとらえ方の違い

考　察

　調査6では，現在における生活感情の否定的感情として空虚感を取り上げ，空虚感得点の高い青年，中程度の青年，低い青年で過去のとらえ方がどのように異なるのかを明らかにした。現在において空虚感を強く感じている青年の方が，感じていない青年よりも過去に対してネガティブに認識し，過去に対し否定的な態度を取っていた。また，空虚感が低くなるにつれて過去に向き合おうとする態度を持ち，過去を現在や未来と連続したものとしてとらえていた。Ross & Wilson（2000）の提示したモデルに基づくと，空虚感の高い青年は空虚感の高い現在に結びつくように過去をネガティブにとらえ，一方で空虚感の低い青年は空虚感の低い現在に結びつくように過去をポジティブにとらえている可能性がある。また，充実感が広く青年の生活全般に関わって生じる生活感情であるのに対し，空虚感はその中でも目標の不在や喪失に関連して生じる否定的な生活感情と考えられる（平石，1990；内田，1990）。つまり，現在の時点で目標を持っていなかったり，持っていた目標を失っている場合，空虚感が高い可能性がある。尾崎・上野（2001）が過去の失敗，成功経験と現在，未来との関連を検討したように，目標の喪失経験，挫折経験や失敗経験など，特定の過去

の出来事との関連も視野に入れる必要がある。特に，本調査の対象者は，大学1年生が150名と一番多くなっていた。高校生の時には大学受験という明確な目標を持っていたが，大学に入学して明確な目標をまだ持てていない可能性がある（小沢，2002）。また，第一志望ではない大学への入学など，在学している大学が目指していた大学ではない場合，さらにそれが失敗経験としてとらえられている場合，空虚感が高い可能性があるだろう。このような青年に対しては，大学生活を通して自分なりの目標を設定するなどのサポートを行うことが有効である可能性がある。

第3節　現在の大学生活の過ごし方タイプによる過去のとらえ方の違い（調査7）

目　的

現在における大学生活の過ごし方のタイプによる過去のとらえ方の違いを明らかにする。まず，大学生活の過ごし方によって調査協力者をタイプ分けする。次に，得られたタイプに基づいて過去のとらえ方の違いを明らかにする。

方　法

調査協力者

都内私立大学生236名（男性88名，女性148名，平均年齢19.25歳（$SD = 0.87$），年齢範囲18-24歳，1年生55名，2年生165名，3年生11名，4年生4名，学年不明1名）が質問紙調査に参加した。

調査時期

調査は2012年5-6月に実施された。

調査手続き

調査は2つの大学で行われた。A大学では心理学科における「基礎実験」と「心理学統計」の講義時間内に行われた。B大学では「測定法」の講義時間内に

行われた。どの講義時間においても，質問紙は一斉に配布されその場で回収された。回答にかかる時間は約10分であった。A大学における調査は筆者によって行われた。B大学における調査は，B大学で「測定法」の講義を担当する教員に委託された。

調査内容
(1) フェイスシート（性別，学年，年齢）
(2) 大学生活の過ごし方（溝上，2009）：授業，授業外学習，自主学習，読書，マンガ・雑誌，クラブ・サークル，アルバイト，同性・異性の友人とのつきあい，テレビ，ゲームなどの日常的な活動17項目に対して，一週間に費やす時間数を「(1) 全然ない」から「(8) 21時間以上」の8段階評定で回答を求めた。さらに，これ以外に「その他」と自由記述欄を設けた項目を追加した。溝上(2009)では，「授業外学習・読書」「インターネット・ゲーム・マンガ」「友人・クラブ・サークル」の3因子が抽出された。「友人・クラブ・サークル」には，「クラブ・サークル活動をする」「コンパや懇親会などに参加する」の項目が含まれており，大学や専攻ごとに異なる特徴を持つと考えられた。そのため，本研究ではこれらの項目を除き，同性または異性と交際する時間に関して聞いた2項目をまとめ，「友人との交際」とした。得点が高いほど，その活動に費やしている時間が長いことを示す。
(3) 過去のとらえ方（調査2で作成された）

結　果

尺度の構成

大学生活の過ごし方の「授業外学習・読書」「インターネット・ゲーム・マンガ」「友人との交際」，過去のとらえ方の下位尺度に関して信頼性係数（Cronbach の α 係数）を算出した結果，「授業外学習・読書」$\alpha = .49$，「インターネット・ゲーム・マンガ」$\alpha = .41$，「友人との交際」$\alpha = .63$，連続的とらえ $\alpha = .88$，否定的態度 $\alpha = .77$，受容的態度 $\alpha = .79$，わりきり態度 $\alpha = .70$，否定的認識 $\alpha = .89$ であった。

大学生活の過ごし方によるタイプ分類

　大学生活の過ごし方タイプを見出すために，大学生活の過ごし方の3下位尺度得点を標準化し，この値に基づきWard法による階層的クラスタ分析を行った。3-6クラスタで分析を行ったところ，3クラスタが解釈可能であったため，再度3クラスタで分析を行った。その結果，異なる大学生活を過ごしていると見られる3タイプが得られた。大学生活の過ごし方の特徴を明らかにするため，得られた3クラスタを独立変数，大学生活の過ごし方の3下位尺度得点を従属変数とした一要因の分散分析を行った。その結果，「インターネット・ゲーム・マンガ」「友人との交際」において群間の得点差が有意であった（$F(2, 232) = 125.72, 158.33, p < .001$）ため，TukeyHSD法による多重比較を行った。その結果，「インターネット・ゲーム・マンガ」では，クラスタ1，クラスタ2よりもクラスタ3の得点が高かった。「友人との交際」では，クラスタ1よりもクラスタ3の得点が有意に高く，クラスタ3よりもクラスタ2の得点が有意に高かった。「授業外学習・読書」は群間の得点差は有意ではなかった（$F(2,232) = 1.39, n.s.$）。各クラスタにおける大学生活の過ごし方の特徴をTable 4-3-1に示した。

　他の群よりも全般的に活動が低い活動低群（$n = 97$），「友人との交際」が他の群よりも有意に高い交際群（$n = 102$），「インターネット・ゲーム・マンガ」が有意に高い娯楽群（$n = 36$）の3タイプが得られた。活動低群は，「授業外学習・読書」「インターネット・ゲーム・マンガ」「友人との交際」の活動全てにおいて低い群であり，大学生活を活動的に送っている様子は見られない群であった。交際群は，「友人との交際」の得点が他の2群よりも有意に高く，大学生活の中心的な活動が友人と交際することであることがうかがえた。娯楽群は，「インターネット・ゲーム・マンガ」が他の2群よりも有意に高い群であった。また活動低群よりも「友人との交際」の得点は高く，自分の時間を中心に友人と交際している様子がうかがえた。

大学生活の過ごし方タイプによる過去のとらえ方の特徴

　大学生活の過ごし方3タイプを独立変数，過去のとらえ方の5下位尺度得点を従属変数とした一要因の分散分析をそれぞれ行った。その結果，「否定的認

Table 4-3-1 各タイプによる大学生活の過ごし方の特徴

		1. 活動低群		2. 交際群		3. 娯楽群		F 値	多重比較
		平均値	SD	平均値	SD	平均値	SD		
大学生活の過ごし方	授業外学習・読書	2.52	0.63	2.42	0.70	2.64	0.81	1.39 n.s.	
	インターネット・ゲーム・マンガ	2.51	0.61	2.61	0.70	4.43	0.61	125.72***	1, 2 < 3
	友人との交際	2.63	0.86	5.27	1.16	3.75	1.19	158.33***	1 < 3 < 2

***p < .001

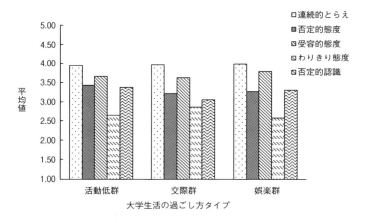

Figure 4-3-1 大学生活の過ごし方タイプにおける過去のとらえ方

識」において有意差が見られた（$F(2, 232) = 4.09, p < .05$）ため，TukeyHSD法による多重比較を行った。その結果，「交際群」（$M = 3.05$）よりも「活動低群」（$M = 3.38$）の方が「否定的認識」の得点が高くなっていた（Figure 4-3-1）。

同性，異性の友人と多く交際している青年は，大学生活を活動的に過ごしていない青年に比べて，過去をポジティブなものとして認識していた。

考　察

調査7では，現在における大学生活の過ごし方のタイプによる過去のとらえ方の違いを明らかにすることを目的とした。その結果，「交際群」よりも「活動

低群」の方が「否定的認識」の得点が高くなっていた。山田（2004b）や松下（2008）では，過去の出来事の意味づけが肯定的な方向へ変化した要因として他者という要因が見出されている。山田（2004b）の「他者というファクター」には，「他者との出会い，（深い）交流，他者からの言葉かけ」などが含まれ，その結果「認識の再構成」が促されていた。また，最も重要な要因として「他者というファクター」が見出されている。交際群は友人との交際の得点が他の群に比べて高い群であった。友人との交際の中で，自身の経験してきた出来事を表出している頻度が他の群に比べて高い可能性が考えられる。その結果，過去にネガティブな出来事を経験していても，他の群に比べてポジティブにとらえることが出来ている可能性がある。ただし，活動低群の青年の過去に，実際に対人関係などでネガティブな出来事が多くあったことで，現在において活動的に行動出来ていない場合もある。一方で，交際群の青年の過去に実際にネガティブな出来事が少なかった場合もある。したがって，友人との交際によって過去のとらえ方が影響を受けているという点は，本調査では推測に留まり解釈には注意する必要がある。今後，他者との交流を促すことで過去のとらえ方がどのように変化するのかという点を検討する必要がある。

第4節　本章のまとめ

　第4章では，第3章第1節で開発された過去のとらえ方尺度を用いて調査を行い，大学生の現在という時点によって過去のとらえ方がどのように規定されるのかを明らかにすることを目的とした。
　第1節では，現在における正の生活感情として充実感を取り上げ，充実感の程度によって過去のとらえ方が異なるかどうかを検討した。充実感の高い青年，中程度の青年，低い青年で過去のとらえ方の差異を検討したところ，充実感が高い青年は低い青年，中程度の青年よりも過去を現在や未来と連続しているものとしてとらえていた。また，充実感が低い青年，中程度の青年は高い青年よりも過去に対して否定的な態度をとっており，さらに否定的に認識していた。
　第2節では，現在における負の生活感情であり目標の喪失に関わる感情として空虚感を取り上げ，空虚感の程度によって過去のとらえ方が異なるかどうか

を検討した。空虚感得点の高い青年，中程度の青年，低い青年で過去のとらえ方の差異を検討したところ，現在において空虚感を強く感じている青年の方が，感じていない青年よりも過去に対してネガティブに認識し，過去に対し否定的な態度を取っていることが明らかにされた。また，空虚感が低くなるにつれて過去に向き合おうとする態度を持ち，過去を現在や未来と連続したものとしてとらえていることが明らかにされた。

第3節では，現在の行動に関わる側面として大学生活の過ごし方を取り上げ，大学生活の過ごし方タイプによって過去のとらえ方が異なるかどうかを検討した。その結果，同性，異性の友人と多く交際している青年は，大学生活を活動的に過ごしていない青年に比べて，過去をポジティブなものとして認識していることが明らかにされた。

現在時点は，現在・過去・未来の連関過程における起点として重要な意味を持つ。このような現在に介入していくことで連関過程をより明らかに出来る可能性がある。また，なぜ現在において生活感情がポジティブなのか，ネガティブなのかという点を明らかにすることで，現在に介入する糸口をつかむことが出来るだろう。例えば現在への介入として，現在を充実させる活動を促すこと，現在における目標設定をサポートすること，他者との交流機会を作ることなどが挙げられる。

以上の検討の結果，本章では以下の結論が得られた。
(1) 現在の生活感情や大学生活の過ごし方によって過去のとらえ方は異なる。特に，現在の生活感情がネガティブなものであると過去のとらえ方もネガティブになる。反対に，現在の生活感情がポジティブなものであると過去のとらえ方もポジティブになる。

第5章
過去のとらえ方が未来への展望に与える影響

　第5章では，過去のとらえ方によって未来への展望がどのように異なるのかを明らかにする。第1節では，まず第3章第1節で開発された過去のとらえ方尺度を用いて調査協力者の分類を行い，第2節および第3節における調査協力者を分類する基準となる過去のとらえ方タイプを作成する。次に，青年の過去のとらえ方タイプによって自己形成意識がどのように異なるのかを検討する。第2節では，まず第1節で得られた過去のとらえ方タイプの分類基準を用いて調査協力者の分類を行い，次に青年の過去のとらえ方タイプによって目標意識がどのように異なるのかを検討する。第3節では，第2節と同様に調査協力者の分類を行い，青年の過去のとらえ方タイプによって目標とその達成手段として実行していること，検討していることにどのような違いがあるのかを検討する。

第1節　過去のとらえ方タイプによる自己形成意識の違い
　　　　（調査8）

目　的

　過去のとらえ方が自己形成意識に与える影響を明らかにすることを目的とする。第1に，青年における過去のとらえ方タイプを明らかにする。第2に，過去のとらえ方タイプによる自己形成意識の特徴を明らかにする。

方　　法

調査協力者

調査協力者は調査2と同一であった。

調査時期および調査手続き

調査2と同一であった。

調査内容

（1）フェイスシート（性別，学年，年齢）
（2）過去のとらえ方（調査2で作成された）
（3）自己形成意識尺度（中間，2007）：中間（2007）が梶田（1988）に基づいて作成した「全体的自己形成意識尺度」を因子分析した結果得られた「努力志向因子」に，中間（2007）では天井効果が見られ項目として省かれていた3項目も含めて，全10項目を「自己形成意識」の尺度とした。天井効果が見られた項目は「自分の能力を最大限に伸ばせるよう，いろいろなことをやってみたい」，「新しいことやちがうことをいろいろしてみたい」，「自分を向上させていけるよういろいろなことをやっていきたい」であり，成長を志向していることを表す項目と考えられた。「全くあてはまらない（1）」〜「とてもあてはまる（5）」の5件法で回答を求めた。得点が高いほど自己形成意識が高いことを示す。

結　　果

尺度の構成

自己形成意識尺度に関して信頼性係数（Cronbachのα係数）を算出した結果，$\alpha = .85$であった。過去のとらえ方尺度の信頼性係数は，第3章第1節，調査2の通りであった。

過去のとらえ方タイプの抽出

　過去のとらえ方のタイプを見出すために，過去のとらえ方尺度の5下位尺度得点を標準化し，この値に基づきk-means法（ユークリッド距離）による非階層的クラスタ分析を行った。3から7クラスタでクラスタ数のAICを比較したところ，6クラスタが適切と判断された（Table 5-1-1）。クラスタ数を6に指定し再度分析を行った結果，異なる過去のとらえ方の特徴を持つ6タイプが得られた。得られたクラスタの中心値をTable 5-1-2に示す。6タイプにおける過去のとらえ方の違いを明らかにするため，6タイプを独立変数，過去のとらえ方の5下位尺度得点を従属変数とした一要因分散分析をそれぞれ行った。その結果，過去のとらえ方の全下位尺度「連続的なとらえ」「否定的態度」「受容的態度」「わりきり態度」「否定的認識」において群間の得点差が有意であった（$F (5, 246) = 82.17, 120.13, 73.83, 37.46, 87.50, p < .001$）ため，TukeyHSD法による多重比較を行った。その結果，各クラスタは異なる過去のとらえ方の特徴を持っていた。各クラスタにおける過去のとらえ方尺度の5下位尺度の平均値（SD），多重比較結果をTable 5-1-3に示す。

　クラスタ1は，過去のとらえ方の肯定的側面である「連続的とらえ」「受容的態度」，否定的側面である「否定的態度」「否定的認識」の両側面の得点が高くなっており，一方で「わりきり態度」の得点は低かった。過去に対して肯定的にも否定的にもとらえており，葛藤している側面が見られることから，葛藤群と命名された。クラスタ2は，「否定的態度」と「否定的認識」が低く，「連続的とらえ」と「受容的態度」が高めになっていた。さらに，「わりきり態度」は中程度で，過度にわりきれていない様子も過度にわりきっている様子も見られなかったことから，「肯定群」と命名された。クラスタ3は，どの下位尺度においても得点が中程度で，肯定的な得点はクラスタ6と同様，他の群に比べて有意に低かった。過去をとらえるという意識の薄さがうかがえ，「無関心群」と命名された。クラスタ4は，「わりきり態度」の得点が他の群に比べて一番高くなっており，また肯定的な側面も否定的な側面も高くなっていた。過去をとらえる意識が安定していないことから，「不安定群」と命名された。クラスタ5は，「連続的とらえ」と「受容的態度」が他の群に比べて一番高く，「否定的態度」と「否定的認識」は低くなっていた。「わりきり態度」も低く，過去を過去とし

Table 5-1-1 クラスタ数ごとの AIC

クラスタ数	AIC
3	117564.27
4	117567.50
5	117559.69
6	117548.68
7	117567.44

Table 5-1-2 過去のとらえ方の非階層的クラスタ分析によるクラスタ中心

過去のとらえ方	クラスタ					
	1	2	3	4	5	6
連続的とらえ	0.40	0.20	-1.03	0.28	1.39	-1.00
否定的態度	0.75	-1.15	-0.12	0.49	-0.84	1.28
受容的態度	0.35	0.08	-1.00	0.22	1.52	-0.81
わりきり態度	-0.84	-0.04	0.50	1.05	-0.68	-0.37
否定的認識	0.89	-1.09	-0.18	0.06	-0.48	1.33

注）変数は Z 得点化したものを用いた。

て受け止め，連続的にとらえていることから，「統合群」と命名された。クラスタ6は，「否定的態度」と「否定的認識」が他の群に比べて一番高く，過去に対する「受容的態度」も「連続的とらえ」も低いこと，また「わりきり態度」も低く過去にとらわれていることがうかがえたため，「とらわれ群」と命名された。

過去のとらえ方タイプから見た自己形成意識の違い

過去のとらえ方の6タイプ間で自己形成意識得点が異なるかどうかを検討するために，過去のとらえ方タイプを独立変数とし，自己形成意識の平均値を従属変数とした一要因分散分析を行った。その結果，群間の得点差が有意であった（$F(5, 246) = 11.75, p < .001$）ため，TukeyHSD法による多重比較を行った。その結果，無関心群（$M = 3.60$），とらわれ群（$M = 3.50$）よりも肯定群（$M = 4.06$），不安定群（$M = 4.08$），統合群（$M = 4.39$）の方が自己形成意識が高かった。また，葛藤群（$M = 3.91$）はとらわれ群よりも自己形成意識が高く，統合群よりも低かった（Figure 5-1-1）。

第1節 過去のとらえ方タイプによる自己形成意識の違い（調査8）

Table 5-1-3 各クラスタにおける過去のとらえ方の平均値（SD）

	クラスタ						全体	F 値	多重比較
	1 (n = 43)	2 (n = 53)	3 (n = 51)	4 (n = 43)	5 (n = 31)	6 (n = 31)	N = 252	(5,246)	
連続的とらえ	4.22 (0.30)	4.11 (0.28)	3.39 (0.39)	4.16 (0.42)	4.80 (0.24)	3.41 (0.49)	3.99 (0.58)	82.17***	3,6 < 1,2,4 < 5
否定的態度	3.70 (0.49)	2.04 (0.43)	2.94 (0.48)	3.47 (0.44)	2.32 (0.52)	4.16 (0.50)	3.04 (0.87)	120.13***	2,5 < 3 < 1,4 < 6
受容的態度	3.95 (0.38)	3.78 (0.41)	3.11 (0.45)	3.87 (0.42)	4.68 (0.24)	3.23 (0.39)	3.73 (0.62)	73.83***	3,6 < 1,2,4 < 5
わりきり態度	2.18 (0.50)	2.84 (0.67)	3.30 (0.67)	3.75 (0.51)	2.31 (0.85)	2.57 (0.58)	2.88 (0.83)	37.46***	1,5 < 2 < 3 < 4 6 < 3,4
否定的認識	3.73 (0.43)	2.12 (0.43)	2.86 (0.51)	3.05 (0.54)	2.62 (0.61)	4.08 (0.46)	3.00 (0.81)	87.50***	2 < 3,4,5 < 1 < 6 5 < 4

***$p < .001$

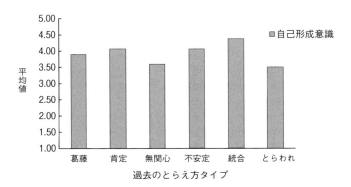

Figure 5-1-1 過去のとらえ方タイプから見た自己形成意識

考　察

　調査8では，過去のとらえ方が自己形成意識に与える影響を明らかにすることを目的とした。第1に，青年期における過去のとらえ方タイプを明らかにした。第2に，過去のとらえ方タイプによる自己形成意識の特徴を明らかにした。その結果，過去のとらえ方タイプとして，葛藤群，肯定群，無関心群，不安定群，統合群，とらわれ群の6タイプが抽出された。これらの6タイプはそれぞれが異なる過去のとらえ方の特徴を持っていた。第2に，過去のとらえ方タイプにおける自己形成意識を検討したところ，過去を肯定的に，また現在や未来と連続しているものとしてとらえているタイプは，過去に対して否定的，またわりきった態度をとっているタイプに比べ，自己を形成していこうとする意識が高かった。

過去のとらえ方タイプの特徴
　葛藤群は否定的な認識が高いことから，過去にネガティブな出来事があった可能性がある。そして，そのような過去をわりきれておらず，否定的な態度や認識を持ちつつも，過去に向き合おうとしている様子がうかがえる。肯定群は否定的な認識が低いことから，過去にネガティブな出来事が少なかった可能性がある。したがって，否定的な態度も過去に向き合う態度もとる必要がなく，また肯定的に意味づける必要もなく，肯定的な意識も群の中では中程度に留まったのではないだろうか。無関心群は過去に対する特徴的なとらえ方がなく，青年全体の平均値が高い「連続的とらえ」と「受容的態度」においてもとらわれ群と同じ程度であった。否定的な態度もとっておらず，また過去に対するネガティブな認識も強くない。わりきった態度は群全体の中では高めであるが，全体的に過去をとらえる意識の薄さがうかがえる。時間的展望における過去・現在・未来の変数を用いて行われたクラスタ分析においても，無関心さを示すような群が見出されている（日潟・齋藤, 2007；都筑, 2007a）。過去を含め，現在や未来に対しても関心のないタイプの青年は一定程度存在するといえる。不安定群は過去を否定的に認識する程度が高いわけではなく，葛藤群やとらわれ群よりも低い。それにもかかわらず，わりきった態度や過去を受容しようとす

る態度なども高くなっており，過去のとらえ方が安定していない様子が見られる。杉浦（2001）は，転機の研究で得られる記述には否定的なものから肯定的なものへ変化する転機が多いとしながらも，肯定的なものが否定的に変わってしまう転機もあると述べる。McAdams et al.（2001）における悪影響配列（Contamination）の語りや，尾崎・上野（2001）でも成功経験が現在や未来にネガティブな影響を与えているという認知が見られたことから考えると，不安定群にはそのような側面があるのかもしれない。不安定群で高くなっている否定的態度には過去に対する後悔を示す項目が含まれており，必ずしもネガティブな出来事があったから高くなるとはいえない。この点は推測に留まる点であるため，今後タイプの詳細な検討が必要であろう。統合群は過去に対して受容的であり，現在や未来との関連から過去をとらえる意識が高く，過去を過去化（白井，2008b）出来ている群であると考えられ，ポジティブな群といえる。最後に，とらわれ群は統合群とは正反対の特徴を持っており，過去を否定的なものとして認識し，過去に対する態度も否定的であった。過去をわりきれず過去にとらわれているタイプであるといえる。

　以上のような，過去のとらえ方に関して異なる特徴を持つタイプが得られたことは，第3章で過去のとらえ方尺度が作成されたことによっている。

過去のとらえ方タイプごとに見た自己形成意識の特徴

　以上のような過去のとらえ方タイプによって自己形成意識が異なっていた。無関心群，とらわれ群よりも肯定群，不安定群，統合群の自己形成意識が高かった。また，葛藤群はとらわれ群よりも自己形成意識が高く，統合群よりも低かった。第2章で先行研究を概観してきた結果から推測されたように，過去にとらわれているようなタイプの青年は自己形成意識という未来への意識を持つことが出来ず，反対に過去を統合しているタイプの青年は未来への意識を持つことが出来ていた。さらに，過去に無関心な青年は過去にとらわれている青年と同様，自己形成意識を持てていなかった。一方で過去にとらわれている青年よりも，過去のとらえ方で葛藤している青年やとらえ方が不安定な青年の方が自己形成意識が高かった。自己形成意識が低かったタイプに共通している点として，無関心群ととらわれ群では過去に対する受容的な態度や現在や未来と

の関連でポジティブにとらえようという意識が低かった点が挙げられる。また，自己形成意識が比較的高かったタイプの不安定群，葛藤群は，否定的な態度や認識が高くても肯定的な側面も同時に持っていた。以上のことから，過去を受容的にとらえようとする態度を持ち，現在や未来との関連で過去を肯定的にとらえる意識を持つことが，自己形成意識といった未来への展望に影響を与えていると考えられる。

第2節　過去のとらえ方タイプによる目標意識の違い（調査9）

目　的

過去のとらえ方タイプによる目標意識の違いを明らかにする。まず，調査8で得られた各過去のとらえ方タイプの中心値を基準に調査協力者の分類を行う。次に，過去のとらえ方タイプによって目標意識に差があるかどうか検討する。

方　法

調査協力者
　調査協力者は調査6と同一であった。

調査時期および調査手続き
　調査6と同一であった。

調査内容
　(1) フェイスシート（性別，学年，年齢）
　(2) 過去のとらえ方（調査2で作成された）
　(3) 目標意識尺度（都筑, 1999）：時間的展望の未来に対する意識を測定するため，目標意識尺度（都筑, 1999）のうち「自分の将来は自分で切り開く自信がある」などの10項目からなる「将来への希望」，「私には将来の目標がある」などの5項目からなる「将来目標の有無」としてまとめられたものを用いた。計15項目であった。「とてもあてはまる（5）」から「全くあてはまらない（1）」の

5件法で回答を求めた。各下位尺度の合計得点を項目数で除したものを下位尺度得点とし分析に用いた。それぞれ得点が高いほど,「将来に対して希望を持っている」「将来目標を持っていると感じている」程度が強いことを示す。

結　果

尺度の構成

　目標意識尺度に関して信頼性係数（Cronbachのα係数）を算出した結果「将来への希望」$\alpha = .88$,「将来目標の有無」$\alpha = .84$であった。過去のとらえ方尺度の信頼性係数は，第4章第2節，調査6の通りであった。

過去のとらえ方タイプの抽出

　過去のとらえ方のタイプを見出すために，過去のとらえ方尺度の5下位尺度得点を標準化し，この値に基づきk-means法（ユークリッド距離）による非階層的クラスタ分析を行った。その際，第5章第1節，調査8において見出されたクラスタの中心値（Table 5-1-2）を初期値に設定し分析を行った。その結果，調査8と同様の過去のとらえ方の特徴を持つ6タイプが得られた。得られたクラスタの中心値をTable 5-2-1に示す。得られた6タイプにおける過去のとらえ方の違いを明らかにするため，6タイプを独立変数，過去のとらえ方の5下位尺度得点を従属変数とした一要因分散分析をそれぞれ行った。その結果，過去のとらえ方の全下位尺度「連続的なとらえ」「否定的態度」「受容的態度」「わりきり態度」「否定的認識」において群間の得点差が有意であった（$F(5, 308) = 97.84, 122.73, 100.57, 39.17, 110.29, p < .001$）ため，TukeyHSD法による多重比較を行った。その結果，各クラスタは異なる過去のとらえ方の特徴を持っていた。各クラスタにおける過去のとらえ方尺度の5下位尺度の平均値（SD），多重比較結果をTable 5-2-2に示す。調査8において得られたクラスタ（Table 5-1-3）と同様の特徴を示しており，大きな違いは見られなかった。

Table 5-2-1 過去のとらえ方の非階層的クラスタ分析によるクラスタ中心

過去のとらえ方	クラスタ					
	葛藤	肯定	無関心	不安定	統合	とらわれ
連続的とらえ	0.44	0.26	-0.98	0.38	1.26	-1.22
否定的態度	0.78	-1.00	-0.07	0.22	-0.95	1.24
受容的態度	0.56	0.06	-0.99	0.32	1.41	-1.10
わりきり態度	-0.83	0.36	0.38	0.89	-0.44	-0.65
否定的認識	0.88	-1.06	-0.21	0.09	-0.50	1.20

注）変数は Z 得点化したものを用いた。

Table 5-2-2 各クラスタにおける過去のとらえ方の平均値（SD）

	クラスタ						全体	F 値	多重比較
	葛藤 ($n=60$)	肯定 ($n=75$)	無関心 ($n=55$)	不安定 ($n=49$)	統合 ($n=33$)	とらわれ ($n=42$)	$N=314$	(5, 308)	
連続的とらえ	4.16	4.04	3.19	4.12	4.72	3.03	3.86	97.84***	3,6 < 1,2,4 < 5
	(0.38)	(0.40)	(0.45)	(0.38)	(0.27)	(0.61)	(0.68)		
否定的態度	4.08	2.49	3.32	3.58	2.53	4.49	3.38	122.73***	2,5 < 3,4 < 1 < 6
	(0.56)	(0.51)	(0.50)	(0.56)	(0.54)	(0.44)	(0.89)		
受容的態度	4.02	3.66	2.93	3.85	4.61	2.85	3.62	100.57***	3,6 < 1,2,4 < 5 2 < 1
	(0.42)	(0.39)	(0.47)	(0.38)	(0.30)	(0.61)	(0.70)		
わりきり態度	2.05	3.02	3.03	3.45	2.37	2.20	2.73	39.17***	1,5,6 < 2,3 < 4
	(0.53)	(0.72)	(0.66)	(0.54)	(0.69)	(0.67)	(0.81)		
否定的認識	4.01	2.31	3.06	3.32	2.80	4.29	3.24	110.29***	2 < 3,4,5 < 1,6 5 < 4
	(0.51)	(0.52)	(0.47)	(0.58)	(0.65)	(0.49)	(0.88)		

***$p < .001$

過去のとらえ方タイプから見た目標意識の違い

　過去のとらえ方の6タイプ間で目標意識が異なるかどうかを検討するために，過去のとらえ方タイプを独立変数とし，目標意識の「将来への希望」「将来目標の有無」の平均値を従属変数とした一要因分散分析を行った。その結果，群間の得点差が有意であった（F (5, 308) = 17.52, 6.61, $p < .001$）ため，

第2節　過去のとらえ方タイプによる目標意識の違い（調査9）　95

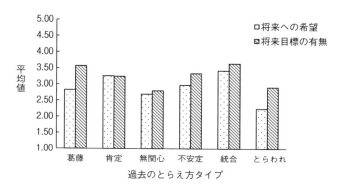

Figure 5-2-1　過去のとらえ方タイプから見た目標意識

TukeyHSD法による多重比較を行った。その結果，「将来への希望」では，とらわれ群（$M = 2.24$）よりも葛藤群（$M = 2.83$），無関心群（$M = 2.70$）の得点が高く，さらにこの3群よりも肯定群（$M = 3.26$），統合群（$M = 3.42$）の得点が高かった。さらに，不安定群（$M = 2.97$）はとらわれ群よりも得点が高く，統合群よりも低かった。「将来目標の有無」では無関心群（$M = 2.80$），とらわれ群（$M = 2.91$）よりも葛藤群（$M = 3.57$），統合群（$M = 3.64$）の得点が高かった。さらに，無関心群（$M = 2.80$）よりも不安定群（$M = 3.34$）の方が高かった（Figure 5-2-1）。

考　察

　調査9では，過去のとらえ方タイプによる目標意識の違いを明らかにすることを目的とした。その結果，「将来への希望」では，とらわれ群よりも葛藤群，無関心群の得点が高く，さらにこの3群よりも肯定群，統合群の得点が高かった。さらに，不安定群はとらわれ群よりも得点が高く，統合群よりも低かった。「将来目標の有無」では無関心群，とらわれ群よりも葛藤群，統合群の得点が高かった。さらに，無関心群よりも不安定群の方が高かった。

　過去にとらわれているタイプの青年は将来への希望も将来目標も持てておらず，未来に目を向けられていない状態であることが考えられる。過去のとらえ方において葛藤していたり不安定になっている青年は，過去を受容しようとす

る態度や過去を現在や未来との関連でポジティブにとらえようとしても，将来への希望が持てていないといえる。

また，とられ群と無関心群は将来目標を持っているという意識が低かった。目標意識の有無は自己形成意識と同様，過去を受容的にとらえようとする態度や連続的にとらえようとする態度が影響を与えているといえる。

第3節　過去のとらえ方タイプによる目標‐手段関係の違い（調査10）

目　的

　過去のとらえ方タイプによる目標‐手段関係の特徴を明らかにする。まず，調査8で得られた各過去のとらえ方タイプの中心値を基準に調査協力者の分類を行う。次に，過去のとらえ方タイプによって，目標数，目標を達成するために実行していることの数（以下，実行度），そして目標を達成するために計画していることの数（以下，検討度）に差があるかどうかを明らかにする。次に，過去のとらえ方タイプによって表出する目標の種類に違いがあるかどうかを明らかにする。最後に，各過去のとらえ方タイプに分類された調査協力者のうちクラスタの中心に近い青年を2名ずつ選出し，目標‐手段関係の特徴を検討する。

方　法

調査協力者
　調査協力者は調査7と同一であった。

調査時期および調査手続き
　調査7と同一であった。

調査内容
　（1）フェイスシート（性別，学年，年齢）
　（2）過去のとらえ方（調査2で作成された）

第 3 節　過去のとらえ方タイプによる目標-手段関係の違い（調査 10）

　(3) 将来の目標に関する質問：「将来目標リストアップ法 B」（都筑, 1999）の一部を改変して用いた。質問の最初に次の教示を与えた。「あなたの目標について，お聞きします。①以下の欄の左側に，あなたの将来の目標（実現したいもの）を 3 つまで，記入してください。目標それ自体について良い悪いの判断をするわけではありませんので，あなたが思い浮かべた目標を自由に書いて下さい。※ここで述べられている目標には，人生のモットー（例えば，清く正しく生きる）は含まれていませんので，そのような種類の目標を書かないように注意してください。②その目標を達成するための手段として，あなたはどのようなことを実行している，あるいはどのようなことを考えていますか。それぞれ，以下の目標の右側に最大 3 つまで記入して下さい。③最後に，以下に記入した目標がどの順で重要であるのか，左にある（　　）の中に 1～3 の数字を記入してください。」

　分析する際には，1 つの目標に対して，達成のために実行していることの数の平均を実行度，達成のために考えていることの数の平均を検討度とした。

結　　果

尺度の構成

　過去のとらえ方尺度の信頼性係数は，第 4 章第 3 節，調査 7 の通りであった。

過去のとらえ方タイプの抽出

　過去のとらえ方のタイプを見出すために，過去のとらえ方尺度の 5 下位尺度得点を標準化し，この値に基づき k-means 法（ユークリッド距離）による非階層的クラスタ分析を行った。その際，第 5 章第 1 節，調査 8 において見出されたクラスタの中心値（Table 5-1-2）を初期値に設定し分析を行った。その結果，調査 8 と同様の過去のとらえ方の特徴を持つ 6 タイプが得られた。得られたクラスタの中心値を Table 5-3-1 に示す。得られた 6 タイプにおける過去のとらえ方の違いを明らかにするため，6 タイプを独立変数，過去のとらえ方の 5 下位尺度得点を従属変数とした一要因分散分析をそれぞれ行った。その結果，過去のとらえ方の全下位尺度「連続的なとらえ」「否定的態度」「受容的態度」「わりきり態度」「否定的認識」において群間の得点差が有意であった（F (5, 229)

Table 5-3-1　過去のとらえ方の非階層的クラスタ分析によるクラスタ中心

過去のとらえ方	クラスタ					
	葛藤	肯定	無関心	不安定	統合	とらわれ
連続的とらえ	0.25	0.06	-1.12	0.45	1.21	-1.00
否定的態度	0.71	-1.03	-0.26	0.23	-1.02	1.16
受容的態度	0.31	0.09	-1.15	0.26	1.40	-1.08
わりきり態度	-0.78	0.40	0.77	0.70	-0.39	-0.49
否定的認識	0.81	-1.14	-0.27	-0.07	-0.56	1.06

注）変数は Z 得点化したものを用いた。

= 58.21, 85.25, 80.70, 30.48, 69.53, $p < .001$）ため，TukeyHSD 法による多重比較を行った。その結果，各クラスタは異なる過去のとらえ方の特徴を持っていた。各クラスタにおける過去のとらえ方尺度の5下位尺度の平均値（SD），多重比較結果を Table 5-3-2 に示す。調査8において得られたクラスタ（Table 5-1-3）と同様の特徴を示しており，大きな違いは見られなかった。

過去のとらえ方から見た目標 - 手段関係の特徴

　過去のとらえ方の6タイプ間で，目標数，実行度，検討度が異なるかどうかを検討するために，過去のとらえ方タイプを独立変数とし，それぞれの平均値を従属変数とした一要因分散分析を行った。その結果，目標数において群間の得点差が有意であった（$F(5, 229) = 2.35, p < .05$）ため，TukeyHSD 法による多重比較を行った。その結果，無関心群（$M = 1.97$）よりも統合群（$M = 2.60$）の得点が高かった（Figure 5-3-1）。実行度および検討度においては群間で有意な差は見られなかった（$F(5, 229) = 1.74, 0.70, n.s.$）。

過去のとらえ方タイプごとの目標カテゴリーの特徴

　まず，都筑（2007a）における目標のカテゴリーに基づき，得られた目標の分類を行った。次に，過去のとらえ方の6タイプ間で表出した目標の種類が異なるかどうかを検討するために，過去のとらえ方タイプと目標のカテゴリーのク

第3節　過去のとらえ方タイプによる目標 - 手段関係の違い（調査10）

Table 5-3-2　各クラスタにおける過去のとらえ方の平均値（SD）

	クラスタ						全体	F値	多重比較
	葛藤 ($n = 57$)	肯定 ($n = 44$)	無関心 ($n = 35$)	不安定 ($n = 38$)	統合 ($n = 30$)	とらわれ ($n = 31$)	$N = 235$	(5, 229)	
連続的とらえ	4.11 (0.33)	3.99 (0.34)	3.28 (0.52)	4.22 (0.39)	4.68 (0.29)	3.36 (0.53)	3.96 (0.60)	58.21***	3,6 < 1,2,4 < 5
否定的態度	3.92 (0.47)	2.45 (0.46)	3.10 (0.57)	3.51 (0.48)	2.46 (0.67)	4.29 (0.36)	3.32 (0.84)	85.25***	2,5 < 3 < 4 < 1 < 6
受容的態度	3.86 (0.39)	3.72 (0.39)	2.92 (0.46)	3.83 (0.34)	4.56 (0.29)	2.97 (0.46)	3.66 (0.64)	80.70***	3,6 < 1,2,4 < 5
わりきり態度	2.11 (0.45)	3.05 (0.72)	3.34 (0.75)	3.29 (0.54)	2.42 (0.65)	2.34 (0.67)	2.73 (0.80)	30.48***	1,5,6 < 2,3,4
否定的認識	3.90 (0.50)	2.28 (0.58)	3.01 (0.58)	3.17 (0.52)	2.76 (0.51)	4.11 (0.46)	3.23 (0.83)	69.53***	2 < 3,4,5 < 1,6 5 < 4

*** $p < .001$

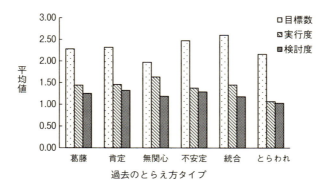

Figure 5-3-1　過去のとらえ方タイプから見た目標 - 手段関係の特徴

Table 5-3-3 過去のとらえ方タイプ別に見た目標カテゴリーの出現率（%）（順位1）

	過去のとらえ方タイプ					
	葛藤群	肯定群	無関心群	不安定群	統合群	とらわれ群
余暇	11(19.6)	6(14.0)	2(5.9)	6(15.8)	3(10.0)	2(6.9)
教育	5(8.9)	9(20.9)	8(23.5)	7(18.4)	4(13.3)	5(17.2)
職業	**26(46.4)**	**11(25.6)**	**9(26.5)**	**13(34.2)**	**14(46.7)**	**8(27.6)**
家庭	6(10.7)	4(9.3)	4(11.8)	3(7.9)	2(6.7)	4(13.8)
自立	1(1.8)	0(0.0)	0(0.0)	0(0.0)	1(3.3)	0(0.0)
対人関係	0(0.0)	0(0.0)	1(2.9)	1(2.6)	0(0.0)	1(3.4)
老後	0(0.0)	0(0.0)	1(2.9)	0(0.0)	0(0.0)	0(0.0)
生き方	2(3.6)	6(14.0)	4(11.8)	2(5.3)	1(3.3)	3(10.3)
資格	5(8.9)	6(14.0)	4(11.8)	5(13.2)	4(13.3)	4(13.8)
自己形成	0(0.0)	1(2.3)	1(2.9)	1(2.6)	1(3.3)	2(6.9)
大学生活	0(0.0)	0(0.0)	0(0.0)	0(0.0)	0(0.0)	0(0.0)
その他	0(0.0)	0(0.0)	0(0.0)	0(0.0)	0(0.0)	0(0.0)
合計(n = 230)	56(100.0)	43(100.0)	34(100.0)	38(100.0)	30(100.0)	29(100.0)

注）括弧内の％は，各タイプにおける回答者のうち，何％の人がそのカテゴリーの目標を回答したかを示している。

ロス表を，目標の順位ごとに作成した（Table 5-3-3, Table 5-3-4, Table 5-3-5）。表中で網掛けされ，太字になっている箇所が一番多いカテゴリーを示し，太字のみになっている箇所が二番目に多いカテゴリーを示す。

Table 5-3-3 では，過去のとらえ方タイプごとに一番重要な目標カテゴリーの表出率を示した。どのタイプでも一番重要な目標カテゴリーとして表出率が高かったのは「職業」に関する目標であった。特に，葛藤群，統合群では約半数を占めていた。2番目に高い表出率となっていたのは，葛藤群以外は「教育」に関するカテゴリーであった。

Table 5-3-4 では，過去のとらえ方タイプごとに二番目に重要な目標カテゴリーの表出率を示した。肯定群以外の群では，「職業」に関する目標が一番高い表出率を示していた。肯定群では「教育」に関する目標の表出率が一番高くなっていた。

Table 5-3-5 では，過去のとらえ方タイプごとに三番目に重要な目標カテゴ

Table 5-3-4 過去のとらえ方タイプ別に見た目標カテゴリーの出現率（％）（順位2）

	過去のとらえ方タイプ					
	葛藤群	肯定群	無関心群	不安定群	統合群	とらわれ群
余暇	5(11.4)	2(5.7)	1(4.5)	4(11.8)	6(22.2)	6(26.1)
教育	6(13.6)	9(25.7)	3(13.6)	4(11.8)	4(14.8)	1(4.3)
職業	15(34.1)	7(20.0)	6(27.3)	9(26.5)	9(33.3)	8(34.8)
家庭	6(13.6)	6(17.1)	3(13.6)	4(11.8)	3(11.1)	2(8.7)
自立	1(2.3)	0(0.0)	2(9.1)	2(5.9)	0(0.0)	0(0.0)
対人関係	1(2.3)	2(5.7)	1(4.5)	0(0.0)	0(0.0)	0(0.0)
老後	0(0.0)	0(0.0)	0(0.0)	0(0.0)	0(0.0)	0(0.0)
生き方	3(6.8)	5(14.3)	1(4.5)	4(11.8)	2(7.4)	2(8.7)
資格	5(11.4)	1(2.9)	3(13.6)	4(11.8)	2(7.4)	0(0.0)
自己形成	1(2.3)	3(8.6)	2(9.1)	3(8.8)	1(3.7)	3(13.0)
大学生活	0(0.0)	0(0.0)	0(0.0)	0(0.0)	0(0.0)	1(4.3)
その他	1(2.3)	0(0.0)	0(0.0)	0(0.0)	0(0.0)	0(0.0)
合計(n = 185)	44(100.0)	35(100.0)	22(100.0)	34(100.0)	27(100.0)	23(100.0)

注）括弧内の％は，各タイプにおける回答者のうち，何％の人がそのカテゴリーの目標を回答したかを示している。

リーの表出率を示した。三番目の目標に関しては記述が全体的に少なかった。葛藤群では一番目と二番目の目標と同様，「職業」に関する目標が多く挙げられていた。肯定群では「余暇」，不安定群，統合群では「家庭」に関する目標が多かった。無関心群，とらわれ群では大きな特徴は見られなかった。

過去のとらえ方タイプ別の目標－手段関係の事例の検討

　各過去のとらえ方タイプに分類された調査協力者のうち各クラスタの中心（Table 5-3-1）に近い青年を2名ずつ（男女1名ずつ）選出し，目標－手段関係の特徴を検討した。

葛藤群における目標－手段関係の検討

　Table 5-3-6，Table 5-3-7には，葛藤群の中心値に近い調査協力者の目標－手段関係を示した。

　ケース1は大学1年生の女性（18歳）であった。一番重要な目標として「臨

Table 5-3-5　過去のとらえ方タイプ別に見た目標カテゴリーの出現率（％）（順位3）

	過去のとらえ方タイプ					
	葛藤群	肯定群	無関心群	不安定群	統合群	とらわれ群
余暇	4(12.9)	**7(29.2)**	1(7.7)	4(18.2)	4(19.0)	**3(20.0)**
教育	1(3.2)	2(8.3)	2(15.4)	3(13.6)	0(0.0)	0(0.0)
職業	**8(25.8)**	3(12.5)	2(15.4)	4(18.2)	3(14.3)	1(6.7)
家庭	1(3.2)	2(8.3)	1(7.7)	**5(22.7)**	**5(23.8)**	**3(20.0)**
自立	0(0.0)	1(4.2)	1(7.7)	0(0.0)	0(0.0)	0(0.0)
対人関係	5(16.1)	1(4.2)	0(0.0)	1(4.5)	2(9.5)	0(0.0)
老後	0(0.0)	0(0.0)	0(0.0)	0(0.0)	0(0.0)	0(0.0)
生き方	5(16.1)	5(20.8)	2(15.4)	3(13.6)	2(9.5)	**3(20.0)**
資格	3(9.7)	1(4.2)	2(15.4)	1(4.5)	0(0.0)	2(13.3)
自己形成	3(9.7)	2(8.3)	2(15.4)	1(4.5)	4(19.0)	**3(20.0)**
大学生活	1(3.2)	0(0.0)	0(0.0)	0(0.0)	1(4.8)	0(0.0)
その他	0(0.0)	0(0.0)	0(0.0)	0(0.0)	0(0.0)	0(0.0)
合計 (n = 126)	31(100.0)	24(100.0)	13(100.0)	22(100.0)	21(100.0)	15(100.0)

注）括弧内の％は，各タイプにおける回答者のうち，何％の人がそのカテゴリーの目標を回答したかを示している。

床心理士になる」，二番目に「前向きに充実した生活をする」が挙げられており，目標間の関連は強くないといえる。目標を達成するために実行していること，検討していることは目標達成につながると考えられるが，具体性に欠けている。特に「前向きに充実した生活をする」という目標は抽象度が高いため，目標達成手段も同様に抽象度が高くなるといえる。

　ケース2は大学2年生の男性（19歳）であった。一番重要な目標として「警察官」，二番目に「公務員」，三番目に「先生」が挙げられており，目標が両立できるものではないことから目標間の関連はないといえる。目標を達成するために実行していることでは，「警察官」の目標に対して「剣道をしている」ことを挙げていた。また，どの目標に対しても検討していることとして「公務員講座を受けようと思う」を挙げていたことから，「公務員」という立場を目標としていると考えられる。個々の目標に対する達成手段は具体的にはなっていないといえる。

Table 5-3-6 葛藤群における目標－手段関係（ケース1：女性，18歳，大学1年生）

順位	目標	実行			検討		
1	臨床心理士になる	心理学専攻に入った	課題で読んでいる本の気になった実験をまとめている		心理の本やDVDをもっと読む		
2	前向きに充実した生活をする	ネガティブなことは考えない	人とたくさんコミュニケーションをとる		趣味を増やす	外出する機会を増やす	

Table 5-3-7 葛藤群における目標－手段関係（ケース2：男性，19歳，大学2年生）

順位	目標	実行			検討		
1	警察官	剣道をしている			公務員講座を受けようと思う		
2	公務員				公務員講座を受けようと思う		
3	先生				公務員講座を受けようと思う		

　ケース1とケース2では，目標間に関連がない点が共通しており，実行していることや検討していることは具体性が欠けていた。

肯定群における目標－手段関係の検討

　Table 5-3-8，Table 5-3-9には，肯定群の中心値に近い調査協力者の目標－手段関係を示した。

　ケース3は大学2年生の男性（19歳）であった。一番重要な目標として「家庭を持ち円満に暮らす」が挙げられており，目標を達成するために実行していることとして「異性と交際している」を挙げていた。また，検討していることでは，「家事などについて知識を増やす」を挙げており，どちらも目標達成のためには必要なことといえる。しかし，達成手段の数が少なかった。

Table 5-3-8 肯定群における目標 - 手段関係（ケース3：男性，19歳，大学2年生）

順位	目標	実行		検討	
1	家庭を持ち円満に暮らす	異性と交際している		家事などについて知識を増やす	

Table 5-3-9 肯定群における目標 - 手段関係（ケース4：女性，19歳，大学2年生）

順位	目標	実行		検討	
1	旅行に行く	お金を貯める		予定をたてる	下調べをする
2	就職する	資格をとる	就活に役立つ授業をとる	セミナーに参加する	人脈を広げる
3	一人暮らしをする	お金をためる	家事の手伝い	どこに住むか決める（物件探し）	家具を買う

　ケース4は大学2年生の女性（19歳）であった。一番重要な目標として「旅行に行く」，二番目に「就職する」，三番目に「一人暮らしをする」が挙げられており，目標間に関連は見られなかった。目標を達成するために実行していることは概ね具体的であり，検討していることにも具体性が見られ，目標達成につながるものであった。
　ケース3とケース4では，実行していることや検討していることが具体的で目標達成につながる点が共通していた。ケース3に関しては，挙げている目標が近く達成できるような目標ではないことから，実行および検討していることが少なくなったと考えられる。

Table 5-3-10 無関心群における目標 – 手段関係（ケース5：女性，20歳，大学2年生）

順位	目標	実行			検討		
1	親を傷付けない	大学に行く	楽しく会話をする		就職する	結婚する	

Table 5-3-11 無関心群における目標 – 手段関係（ケース6：男性，19歳，大学2年生）

順位	目標	実行			検討		
1	お金をかせぐ	バイト			将来		

無関心群における目標 – 手段関係の検討

　Table 5-3-10, Table 5-3-11には，無関心群の中心値に近い調査協力者の目標 – 手段関係を示した。

　ケース5は大学2年生の女性（20歳）であった。一番重要な目標として「親を傷付けない」が挙げられており，目標を達成するために実行していることとして「大学に行く」「楽しく会話をする」，検討していることとして「就職する」「結婚する」が挙げられており，目標達成のための手段としての妥当性，具体性に欠けていた。目標が自分に関することではなく，それが自分にとってどのような意味を持つのかは分からなかった。

　ケース6は大学2年生の男性（19歳）であった。一番重要な目標として「お金をかせぐ」が挙げられており，目標を達成するために実行していることとして「バイト」，検討していることとして「将来」が挙げられていた。目標達成に直接結びつくといえるが，目標が本人にとってどのような意味を持つのかは分

Table 5-3-12 不安定群における目標-手段関係(ケース7:女性,20歳,大学2年生)

順位	目標	実行			検討		
1	9月の写真展に出たい	カメラの勉強のため本を読む			写真展に行く	沢山写真を撮る	

Table 5-3-13 不安定群における目標-手段関係(ケース8:男性,19歳,大学1年生)

順位	目標	実行			検討		
1	1人旅をする	行く場所をサーチ			免許をとる		
2	心理関係の職につく	心理の勉強	情報集め		第一種の院に進む		

からなかった。

　ケース5とケース6では,目標が本人にとってどのような意味を持っているのかが読み取れない点が共通していた。また,どちらも目標数が1つであり,少なかった。

不安定群における目標-手段関係の検討

　Table 5-3-12,Table 5-3-13には,不安定群の中心値に近い調査協力者の目標-手段関係を示した。

　ケース7は大学2年生の女性(20歳)であった。目標として「9月の写真展に出たい」が挙げられており,目標を達成するために実行していることとして「カメラの勉強のため本を読む」,検討していることとして「写真展に行く」「沢山写真を撮る」が挙げられていた。手段はどちらも目標達成に直接結びつくとはいえず,「写真展に出る」にはどのようにすれば良いかは分からなかった。

ケース 8 は大学 1 年生の男性（19 歳）であった。一番重要な目標として「1 人旅をする」，二番目に「心理関係の職につく」が挙げられており，目標間に関連は見られなかった。目標を達成するために実行していることとして「1 人旅をする」に対しては「行く場所をサーチ」，検討していることとして「免許をとる」を挙げており，現在の段階では現実的になっていない様子がうかがえた。「心理関係の職につく」ために，「心理の勉強」や「情報集め」をしており，検討していることは職に就くまでの段階の一つを示していた。どちらも具体的にはなっていない様子がうかがえた。

　ケース 7 とケース 8 では，目標の達成手段に現実性がなく，まだ具体的になっていない点が読み取れた。

統合群における目標 - 手段関係の検討

　Table 5-3-14，Table 5-3-15 には，統合群の中心値に近い調査協力者の目標 - 手段関係を示した。

　ケース 9 は大学 1 年生の女性（19 歳）であった。一番重要な目標として「自分の働きたい職種につく」，二番目に「母をロンドンとパリにつれていく」が挙げられており，目標間に関連は見られなかった。目標を達成するために実行していることは達成につながるものではなく，「フランス語と英語を頑張る」など達成の補助になるようなものであった。検討していることに関しても，全体的に直接達成に結びつくとはいえないものの，日常的にこつこつと行うような手段を挙げており，具体的な手段が多く書かれていた。

　ケース 10 は大学 2 年生の男性（19 歳）であった。一番重要な目標として「就職する」，二番目に「英語力の向上」が挙げられており，目標間に関連は見られなかった。目標を達成するために実行していることは，授業や通学中に出来ることを挙げており，日常の中でこつこつと行うような内容であった。検討していることは具体性には欠けていたが，目標の達成に関連する手段といえる。

　ケース 9 とケース 10 では，自分の働きたい職種ははっきりしていないものの，他の目標の達成のために日常的に取り組んでいる点が共通していた。

とらわれ群における目標 - 手段関係の検討

　Table 5-3-16，Table 5-3-17 には，とらわれ群の中心値に近い調査協力者の目標 - 手段関係を示した。

Table 5-3-14 統合群における目標 - 手段関係（ケース 9：女性，19 歳，大学 1 年生）

順位	目標	実行		検討		
1	自分の働きたい職種につく	心理学を通して色々なことを学ぶ	学校へちゃんと行く	秘書検定を受ける	アルバイトをする	働きたい職が何か考える
2	母をロンドンとパリにつれていく	フランス語と英語を頑張る	毎日英語を聞く	TOEIC を受ける	1日1文英語の長文を読む	

Table 5-3-15 統合群における目標 - 手段関係（ケース 10：男性，19 歳，大学 2 年生）

順位	目標	実行		検討		
1	就職する	大学の授業	興味のあるものを探す	インターンシップ		
2	英語力の向上	授業	通学時間の英語アプリ	参考書		

　ケース 11 は大学 1 年生の女性（18 歳）であった。一番重要な目標として「幸せな家庭をつくる」，二番目に「世界一周旅行」，そして三番目に「安定した職に就く」が挙げられており，目標間に関連は見られなかった。目標を達成するために実行していることは目標達成に必要なことであったが，検討していることはないといえ，全体的に達成手段を見出せていなかった。

　ケース 12 は大学 3 年生の男性（20 歳）であった。一番重要な目標として「結婚」，二番目に「買い物」，そして三番目に「長生き」が挙げられており，目標間に関連は見られなかった。目標を達成するために実行していることは目標達成に必要なことであった。検討していることは目標達成のイメージをすることであり，具体性はなかった。

　ケース 11 とケース 12 では，目標の達成のために実行していること，検討し

Table 5-3-16 とらわれ群における目標 - 手段関係（ケース 11：女性，18 歳，大学 1 年生）

順位	目標	実行			検討		
1	幸せな家庭を作る				どのような家族のあり方が幸せなのか		
2	世界一周旅行	貯金（アルバイトをして）					
3	安定した職に就く	公務員試験などの勉強を自主的に行う					

Table 5-3-17 とらわれ群における目標 - 手段関係（ケース 12：男性，20 歳，大学 3 年生）

順位	目標	実行			検討		
1	結婚	相手を探す			理想の生活を想像している		
2	買い物	ほしいもの（家・車・時計）などのリストをつくっている			買ったものを使用している自分を想像している		
3	長生き	食事に気をつかう			運動をしようと考えている	老後の生活を想像している	

ていることが少なく，内容から達成手段を具体的に見出せていない様子がうかがえた。

まとめ

以上，過去のとらえ方タイプごとに目標 - 手段関係の特徴を 2 ケースずつ検討したところ，肯定群と統合群では，その他の群に比べて目標の達成手段として実行していること，検討していることが比較的具体的であった。また，無関心群の目標が他の群に比べ，本人にとってどのような意味を持っているのか読み取れない点も特徴的であった。全体的に，青年が挙げた目標間に強い関連は

見られなかった．

考　察

　調査10では，青年の過去のとらえ方タイプによる目標‐手段関係の特徴を明らかにすることを目的とした．まず，過去のとらえ方タイプによって，目標数，目標達成のための実行度，そして目標達成のための検討度に差があるかを検討した．次に，過去のとらえ方タイプによって表出する目標カテゴリーに違いがあるかどうかを検討した．最後に，各過去のとらえ方タイプに分類された調査協力者のうちクラスタの中心に近い青年を2名ずつ選出し，目標‐手段関係の特徴を検討した．

　その結果，過去に無関心な青年よりも，過去を現在や未来との関係で統合している青年の方が目標を多く持っていた．日潟・齋藤（2007）で得られた過去・現在・未来に対して無関心なタイプと同様，本調査で得られた過去に対して無関心な青年も，未来に関しても無関心である可能性がある．

　また，どのタイプの青年においても，一番重要な目標として「職業」に関する目標が一番多く挙げられていた．特に，過去のとらえ方において葛藤しているタイプの青年，過去を現在や未来に統合しているタイプの青年のうち，約半数の青年が一番重要な目標としていた．また，過去のとらえ方に葛藤しているタイプ以外では，「教育」に関する目標を重要とした青年が二番目に多かった．従来から先行研究で見出されてきたように，職業に関する目標はどのタイプの青年においても重要な位置を占めているといえる．

　過去のとらえ方タイプごとに選出した2ケースの目標‐手段関係の特徴を見たところ，過去のとらえ方タイプごとに異なる特徴を示した．特に，過去に対して肯定的なタイプの青年は，目標を達成しようと実行していることやしようと思っていることが具体的であり，目標の達成につながることを挙げていた．全体的に，青年が挙げた目標間に関連は見られなかった．都筑（1999）では，「リストアップされた目標の数が少なく，そして，その目標達成のための手段も少ないケース」「リストアップされた目標数は多いが，その目標達成のための手段が少ないケース」「目標は少ないが，その達成手段が多く上げられているケース」「目標数も多く，目標達成のための手段も多いケース」という4つのタイプ

が見出されたが，本調査の結果，過去のとらえ方タイプ間では目標数，手段として実行していることの数，しようと思っていることの数にはほとんど差が見られなかった。都筑（1999）の調査協力者は平均年齢が20歳5ヶ月であり，本調査の調査協力者とは約1歳異なっていた。本調査の調査協力者はほとんどが1年生と2年生であったことから，職業に関する目標を持っていても，目標を達成するために実行したり何かしようと考えることはまだ現実的ではない可能性も考えられる。今後，学年差を考慮した調査を通して検討する必要がある。本調査の結果からは，未来に同じような目標を挙げている青年でも，過去のとらえ方は大きく異なっていることが示された。

第4節　本章のまとめ

　第5章では，現在における過去のとらえ方が未来への展望に与える影響を明らかにすることを目的とした。まず，過去のとらえ方タイプを抽出した。次に，過去のとらえ方タイプによって未来への展望がどのように異なるのかを3つの調査を通して明らかにした。

　第1節では，過去のとらえ方の下位尺度得点を用いて調査協力者を分類した。その結果，葛藤群，肯定群，無関心群，不安定群，統合群，とらわれ群の6タイプが得られた。得られた各群の中心値を基準として，調査9，調査10において調査協力者の分類を行った結果，同じ特徴を持つ6タイプに分類可能であった。過去のとらえ方6タイプによって自己形成意識にどのような違いがあるのかを検討した結果，過去に無関心な青年，とらわれている青年よりも肯定的な青年や過去を現在，未来との関係で統合している青年，さらに過去に対して不安定なとらえ方をしている青年の方が自己形成意識の得点が高かった。また，過去のとらえ方に葛藤している青年は過去にとらわれている青年よりも自己形成意識が高く，過去を統合している青年よりも低かった。

　第2節では，過去のとらえ方6タイプによって「将来への希望」「将来目標の有無」の特徴を検討した。その結果，過去にとらわれている青年よりも過去のとらえ方に葛藤している青年，過去に無関心な青年の方が将来に対して希望を持っていた。さらに，この3群よりも過去に対して肯定的な青年，過去を現在

や未来に統合している青年の方が将来に対して希望を持っていた。さらに，過去のとらえ方が不安定な青年は，とらわれている青年よりも将来への希望を持っていたが，統合している青年に比べると持っていなかった。過去に無関心な青年，とらわれている青年よりも過去のとらえ方で葛藤している青年，統合している青年の方が将来の目標を持っていた。さらに，過去に無関心な青年よりもとらえ方が不安定な青年の方が将来の目標を持っていた。

　第3節では，過去のとらえ方6タイプによって目標－手段関係の特徴を検討した。その結果，過去に無関心なタイプの青年よりも過去を統合している青年の方が目標を多く持っていた。過去のとらえ方が違う青年間でも，職業に関する目標が一番重要な目標として多く表出されていた。過去のとらえ方が肯定的なタイプの青年では，目標を達成しようと実行していることやしようと考えていることが比較的具体的であった。

　以上の検討の結果，本章では以下の結論が得られた。
(1) 青年の過去のとらえ方のタイプには，過去のとらえ方で葛藤しているタイプ，肯定的にとらえているタイプ，過去に無関心なタイプ，とらえ方が不安定なタイプ，過去を現在や未来との関係で統合しているタイプ，過去にとらわれているタイプという，異なる過去のとらえ方の特徴を持つ6タイプが存在した。本研究で過去のとらえ方のタイプが得られたことに対しては，過去のとらえ方尺度が作成されたことが大きく寄与している。
(2) 過去のとらえ方の違いは未来への展望に影響を与える。特に，過去のとらえ方における肯定的側面と否定的側面は未来への展望に異なる影響を与えている。過去に対して否定的な認識や態度を持っていても，過去を受容的にとらえようとする態度や連続的にとらえようとする態度を持つことで，目標を持っている意識や自己形成意識を高める。しかし，肯定的なとらえ方をしていても，過去に対して否定的な認識をし，否定的な態度を持っていることは，将来に対する希望を持ちにくくさせる。目的的な未来への意識と非目的的な未来への意識は，過去のとらえ方の異なる側面の影響を受ける。

第6章
時間的関連性による現在・過去・未来の連関過程の検討

　第6章では，時間的関連性から現在・過去・未来の連関過程を検討する。第1節では展望地図に基づく面接調査を行い，面接において現在の充実感が高いと答えた青年と低いと答えた青年で，過去と現在をどのように関連づけた発話をするのか，また現在と未来をどのように関連づけた発話をするのかという側面に差があるのかどうかを検討する。第2節では，第3章第2節で作成された時間的関連性尺度を用いて調査を行い，過去と現在の関連の意味づけ方が現在と未来の関連の意味づけ方に，また現在と未来の関連の意味づけ方が現在における行動にどのような影響を与えているのかという点に関してモデルを作成し検討する。

第1節　現在の充実感の程度による時間的関連性の違い：面接法を用いた検討（調査11）

目　的

　本調査では，充実感の程度によって時間的関連性に違いがあるかどうかを明らかにすることを目的とする。具体的には，展望地図に基づく面接調査を行い，面接において現在の充実感が高いと答えた青年と低いと答えた青年で，過去と現在をどのように関連づけた発話をするのか，また現在と未来をどのように関連づけた発話をするのかという側面に差があるのかどうかを検討する。

方　　法

調査協力者
　調査協力者は調査3と同一であった。

調査時期および調査手続き
　調査3と同一であった。

調査内容
　(1) フェイスシート（性別，年齢，学年，学部）
　(2) 展望地図法（園田，2011）：詳細は第3章第2節，調査3を参照。
　(3) 半構造化面接　面接における質問項目は，第3章第2節，調査3のTable3-2-1を参照。

結　　果

充実感による調査協力者の分類
　面接における「現在充実しているかどうか」という質問に対する回答に基づき，調査協力者を充実感高群，充実感低群に分類した。その結果，充実感高群が19名，充実感低群が10名となった。

面接で得られた発話に対する得点化
　McAdams et al.（2001）における人生の語りに対する得点化の仕方を参考に，面接調査を通して得られた発話に対し得点を与えた。
過去-現在の関連に関する発話への得点化
　ポジティブな発話　まず，過去-現在の関連に関する発話において，ポジティブな変化やポジティブな一貫性が示された場合，1点を与えた。さらに，変化や一貫性に関するエピソードの中で，自己の変化や他者との関係の変化，自己の一貫性や他者との関係の一貫性が示された場合には，さらに1点ずつ与えた。これらの得点が合計され，「ポジティブな発話」の得点とされた。得点の範囲は0点から5点であった。

ネガティブな発話　ポジティブな発話の場合と同様に，ネガティブな変化やネガティブな一貫性が示された場合，1点を与えた。さらに，変化や一貫性に関するエピソードの中で，自己の変化や他者との関係の変化，自己の一貫性や他者との関係の一貫性が示された場合には，さらに1点ずつ与えた。加えて，ネガティブな発話においては，悪影響配列（Contamination）（McAdams et al., 2001）に関する発話が示された場合，さらに1点を与えた。これらの得点が合計され，「ネガティブな発話」の得点とされた。得点の範囲は0点から6点であった。

現在 - 未来の関連に関する発話への得点化

ポジティブな発話　現在 - 未来の関連に関する発話において，ポジティブな変化（改善，成長など）やポジティブな一貫性について示された場合，1点を与えた。さらに，変化や一貫性に関するエピソードの中で，自己の変化や他者との関係の変化，自己の一貫性や他者との関係の一貫性が示された場合には，さらに1点ずつ与えた。これらの得点が合計され，「ポジティブな発話」の得点とされた。得点の範囲は0点から5点であった。

ネガティブな発話　ポジティブな発話と同様に，ネガティブな変化やネガティブな一貫性について示された場合，1点を与えた。さらに，変化や一貫性に関するエピソードの中で，自己の変化や他者との関係の変化，自己の一貫性や他者との関係の一貫性が示された場合には，さらに1点ずつ与えた。これらの得点が合計され，「ネガティブな発話」の得点とされた。得点の範囲は0点から5点であった。

充実感の程度による発話内容の違い

次に，充実感高群，低群によって面接における発話内容に違いがあるかを検討するため，充実感高群，低群の2群を独立変数，発話の得点を従属変数としたt検定を行った。その結果，過去 - 現在に関する発話のポジティブな発話，ネガティブな発話両方において有意差が見られた（$t(26.10) = 2.90, p < .01$, $t(27) = 3.75, p < .01$）。ポジティブな発話は，充実感高群の方が低群よりも多くなっていた。ネガティブな発話は，充実感高群の方が低群よりも少なかった。現在 - 未来に関する発話では，ポジティブな発話およびネガティブな発話

Table 6-1-1　充実感の程度による過去-現在，現在-未来の発話内容の違い

関連性	発話内容	充実感高群 平均値 (SD)	充実感低群 平均値 (SD)	t値
過去-現在	ポジティブ合計	2.58(1.02)	1.80(0.42)	2.90**
	ネガティブ合計	0.95(1.22)	2.90(1.52)	3.75**
現在-未来	ポジティブ合計	2.53(0.84)	2.50(0.71)	0.08 n.s.
	ネガティブ合計	0.68(1.06)	1.50(1.51)	1.70 n.s.

**$p < .01$

の両方で，充実感の程度による有意な差は見られなかった（$t(27) = 0.08$, 1.70, n.s.）。高群，低群ごとの各発話の程度を Table 6-1-1 に示す。

考　察

　本調査では，充実感の程度によって時間的関連性に違いがあるかどうかを明らかにすることを目的とした。展望地図に基づく面接調査を行い，面接において現在の充実感が高いと答えた青年と低いと答えた青年で，過去と現在をどのように関連づけた発話をするのか，また現在と未来をどのように関連づけた発話をするのかという側面に差があるのかどうかを検討した。その結果，現在において充実感が高い青年の方が低い青年よりも，過去と現在の関連をポジティブに意味づけていた。また，過去と現在の関連をネガティブに意味づける程度が低かった。現在と未来の関連に関しては，充実感の程度によって差は見られなかった。

　本調査で得られた結果は，第4章と同様，現在の状況によって過去と現在の関連に対する意味づけが異なることを示している。また，Ross & Wilson (2000) が提示したモデルは，現在の自己の見解につながるように過去の自己の評価を変えることであった。これに対し，本調査の結果からは，現在の状況につながるように過去の評価を変えるのではなく，過去と現在の関連に対する意味づけを変えている可能性が示唆される。

　また，現在における充実感の高さは過去と現在の関連に対する意味づけ方には影響を与えるが，現在と未来の関連に対する意味づけ方には影響を与えてい

なかった。本研究が想定しているように，現在の状況は，まず過去のとらえ方を規定し，その後未来への展望に影響を与えていくことが推測される。

第2節　時間的関連性が現在における行動に与える影響（調査12）

目　　的

　第2節では，第3章第2節で作成された時間的関連性尺度を用い，過去と現在の関連の意味づけ方が現在と未来の関連の意味づけ方に与える影響，そして現在と未来の関連の意味づけ方が現在における行動に与える影響に関するモデルを作成し，どのような影響があるのか検討する。

方　　法

調査協力者
　調査協力者は調査4と同一であった。

調査時期および調査手続き
　調査4と同一であった。

調査内容
　（1）フェイスシート（性別，年齢，学年，学部）
　（2）時間的関連性尺度（調査4で作成された）
　（3）時間の使い方に対する評価：日ごろの時間の使い方に対する評価を，0点（0）〜100点（10）の11段階で評定を求め，その理由もたずねた。
　（4）日常的自己形成活動に関する項目（山田，2004a）：まず，「日々の生活場面において，あなたが実際に行っている様々な活動や関わっていること，あるいは取り組んでいることの中で，特に重要だと思っていることについて，以下の空欄に記入してください。」という教示を与え，3個まで表出させた。次に，そのうち最も重要と思われる内容1項目を選定してもらった。そして，なぜ選

択した1項目が重要であるのかについて理由を記述してもらった。最後に，選択された自己形成活動に関してどのような認知的評価をしているのか，「充実感と自己受容（10項目）」「自己目標志向性（6項目）」の2側面からたずねた（「○○をするのは楽しい」「○○をすることは，将来何かの役に立つと考えている」など）。「全くあてはまらない（1）」から「とてもあてはまる（5）」の5件法で回答を求めた。それぞれ得点が高いほど，「充実感や自己受容感が得られる活動を行っている」「目標に関わる活動を行っている」程度が強いことを示す。

結　果

尺度の構成

　日常的自己形成活動に関して信頼性係数（Cronbachのα係数）を算出した結果，充実感と自己受容$\alpha = .88$，自己目標志向性$\alpha = .82$であった。時間的関連性尺度のα係数は，第3章第2節，調査4の通りであった。

時間的関連性による現在・過去・未来の連関過程の検討

　過去と現在の関連の意味づけ方が現在と未来の関連の意味づけ方に，また現在と未来の関連の意味づけ方が現在における行動にどのような影響を与えているのかを明らかにするため，共分散構造分析によるパス解析を行った。初期モデルとして，現在・過去・未来の連関過程をふまえてパスの方向を設定し，現在における行動の種類ごとにモデルを作成した。

過去－現在関連性が現在－未来関連性，現在－未来関連性が自己目標志向性に関わる活動に与える影響

　初期モデルを分析した結果，有意でなかったパスを削除し，分析を繰り返したところ，最終的にFigure 6-2-1に示すような結果が得られた。過去－現在関連性の「変化への肯定」「肯定的一貫性」「否定的一貫性」から現在－未来関連性の「改善への希望」に有意な正のパスを示していた。また，過去－現在関連性の「変化への肯定」「肯定的一貫性」から現在－未来関連性の「一貫性への希望」に有意な正のパスを示し，「否定的一貫性」は有意な負のパスを示していた。過去－現在関連性の「変化への肯定」「肯定的一貫性」から現在－未来関連性の「否定的一貫性の予測」に有意な負のパスを示し，過去－現在関連性の「否定的

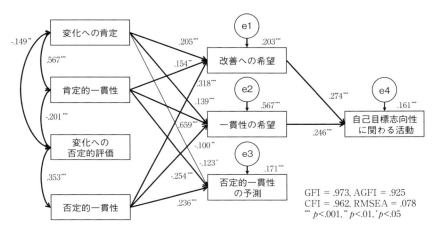

Figure 6-2-1 過去－現在関連性が現在－未来関連性，現在－未来関連性が自己目標志向性に関わる活動に与える影響

　　　→　太線はパス係数が$p<.01$（$p<.001$を含む）で有意であることを示す。
　　　→　細線はパス係数が$p<.05$で有意であることを示す。

一貫性」は有意な正のパスを示していた。現在－未来関連性における「改善への希望」「一貫性の希望」は，現在の「自己目標志向性に関わる活動」に有意な正のパスを示していた。適合度指標は $GFI = .973$, $AGFI = .925$, $CFI = .962$, $RMSEA = .078$ であり，十分な値を示していた。全てのパス係数が有意であったことから，これを最終的なモデルとした。

過去－現在関連性が現在－未来関連性，現在－未来関連性が充実感と自己受容に関わる活動に与える影響

　初期モデルを分析した結果，有意でなかったパスを削除し，分析を繰り返したところ，最終的に Figure 6-2-2 に示すような結果が得られた。過去－現在関連性の「変化への肯定」「肯定的一貫性」「否定的一貫性」から現在－未来関連性の「改善への希望」に有意な正のパスを示していた。また，過去－現在関連性の「変化への肯定」「肯定的一貫性」から現在－未来関連性の「一貫性への希望」に有意な正のパスを示し，「否定的一貫性」は有意な負のパスを示していた。過去－現在関連性の「変化への肯定」「肯定的一貫性」から現在－未来関連性の「否定的一貫性の予測」に有意な負のパスを示し，「否定的一貫性」は有意な正

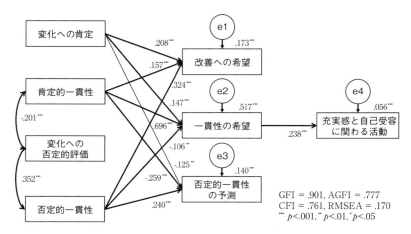

Figure 6-2-2 過去 – 現在関連性が現在 – 未来関連性，現在 – 未来関連性が充実感と自己受容に関わる活動に与える影響

⟶ 太線はパス係数が$p<.01$（$p<.001$を含む）で有意であることを示す。
⟶ 細線はパス係数が$p<.05$で有意であることを示す。

のパスを示していた。現在 – 未来関連性の「一貫性の希望」から現在の「充実感と自己受容に関わる活動」に対して有意な正のパスを示していた。適合度指標は $GFI = .901$，$AGFI = .777$，$CFI = .761$，$RMSEA = .170$ であり，ある程度許容される範囲の値を示していた。全てのパス係数が有意であったことから，これを最終的なモデルとした。

過去 – 現在関連性が現在 – 未来関連性，現在 – 未来関連性が時間の使い方への評価に与える影響

　初期モデルを分析した結果，有意でなかったパスを削除し，分析を繰り返したところ，最終的に Figure 6-2-3 に示すような結果が得られた。過去 – 現在関連性の「変化への肯定」「肯定的一貫性」「否定的一貫性」から現在 – 未来関連性の「改善への希望」に有意な正のパスを示していた。また，過去 – 現在関連性の「変化への肯定」「肯定的一貫性」から現在 – 未来関連性の「一貫性への希望」に有意な正のパスを示し，「否定的一貫性」は有意な負のパスを示していた。過去 – 現在関連性の「変化への肯定」「肯定的一貫性」から現在 – 未来関連性の「否定的一貫性の予測」に有意な負のパスを示し，「否定的一貫性」は有意な正

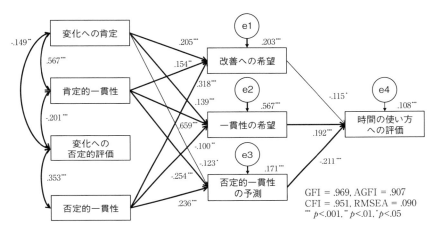

Figure 6-2-3　過去−現在関連性が現在−未来関連性，現在−未来関連性が現在の時間の使い方への評価に与える影響

　　　➡　太線はパス係数が$p<.01$（$p<.001$を含む）で有意であることを示す。
　　　→　細線はパス係数が$p<.05$で有意であることを示す。

のパスを示していた。現在−未来関連性の「改善への希望」「否定的一貫性の予測」は「時間の使い方への評価」に対して有意な負のパスを，「一貫性の希望」は「時間の使い方への評価」に有意な正のパスを示していた。適合度指標は $GFI = .969$, $AGFI = .907$, $CFI = .951$, $RMSEA = .090$ であり，十分な値を示していた。全てのパス係数が有意であったことから，これを最終的なモデルとした。

考　察

　調査12では，過去と現在の関連をどのように意味づけることが，現在と未来の関連を意味づけることに影響を与えるのか，そして現在と未来の関連をどのように意味づけることが，現在の行動に影響を与えているのか，という点をモデルを作成し検討することを目的とした。

　過去−現在関連性が現在−未来関連性に，現在−未来関連性が現在の行動に与える影響に関して共分散構造分析によるパス解析を行った結果，次の点が明らかにされた。過去から現在にかけて変化してきた自分を肯定的に評価するこ

とは，現在から未来に向けてより良くなろうという変化を希望することにつながり，また変化した今の自分のままでありたいという気持ちを高めていた。さらに，自己や環境のネガティブな側面がこのまま変わらないだろうという意識を減少させていた。

過去から現在まで自分の中に一貫してポジティブな側面があると認識していることは，これから未来にかけても今の自分が一貫してあり続けたいという思いにつながり，さらにこれから未来にかけて良くなっていきたいという思いにもつながっていた。また，自分のネガティブなところはこれから変わらないだろうという思いを減少させていた。

過去から現在にかけてネガティブな自分が変わらずにあり続けているという認識は，これから未来にかけてよく変わっていきたいという気持ちを高め，このままの自分でいたいという気持ちを減少させていた。その一方で，これから未来にかけて自分のネガティブな側面は変わらないだろうという認識を高めていた。

さらに，これから未来にかけて自分らしくありたいという一貫性の希望を持っていると，現在における目標に関わる活動や充実感・自己受容感を得られる活動を高め，さらに現在における時間の使い方への評価を肯定的にさせていた。また，変わっていきたいという改善への希望を持つことは現在の目標に関わる活動を高めていたが，時間の使い方への評価を否定的にさせていた。また，これから未来にかけて自分は変わらないだろうとネガティブに予測することは，時間の使い方への評価を低めていた。現在と未来の関連性は，それぞれ現在において影響を与える側面が異なっていた。

千島（2014）は，自己変容に対する9つの志向性のうち，自尊感情とネガティブな関連を持つ志向性があることを明らかにしている。この点について，過去から進歩が感じられないことは，現在の自己を肯定することには結びつかないこと，また全体的な自己に対して否定的に評価していることから自分を変えたいという気持ちが生じている可能性などに言及している。また，水間（2002）も，肯定性の文脈において「なりたい自分になろう」という気持ちと，否定性の文脈において「いやな自分を変えよう」という気持ちとは意識構造が異なることを明らかにしている。本調査で得られた結果においても，過去から現在に

かけて変化してきた自分を肯定的に評価すること，過去から現在まで自分の中に一貫してポジティブな側面があると認識していることから生じる変わっていきたいという希望と，過去から現在にかけてネガティブな自分が変わらずにあり続けているという認識から生じる変わっていきたいという希望は，異なる意識だと考えられる。またこのような異なる背景から生じた改善への希望は，現在の行動や時間の使い方への評価に異なる影響を与える可能性があるだろう。

本調査において，過去と現在の関連をどのように意味づけることが，現在と未来の関連を意味づけることに影響を与えるのか，そして現在と未来の関連をどのように意味づけることが現在の行動に影響を与えているのかという一連の過程に関するモデルの妥当性が統計的に確認されたことは，今後青年を理解するモデルとして有用であることを示しており，意義がある。

第3節　本章のまとめ

第6章では，時間的関連性から現在・過去・未来の連関過程を検討することを目的とした。

第1節では，展望地図に基づく面接調査を行い，面接において現在の充実感が高いと答えた青年と低いと答えた青年で，過去と現在をどのように関連づけた発話をするのか，また現在と未来をどのように関連づけた発話をするのかという側面に差があるのかどうかを検討した。その結果，充実感が高い青年の方が低い青年よりも，過去と現在の関連性をポジティブに意味づけて話すことが多く，ネガティブに意味づけて話すことが少ないことが明らかになった。現在の状況によって，過去と現在の関連をポジティブに意味づけるのか，ネガティブに意味づけるのかという点が規定されることが明らかにされた。

第2節では，第3章第2節で作成された時間的関連性尺度を用い，過去と現在の関連の意味づけ方が現在と未来の関連の意味づけ方に与える影響，そして現在と未来の関連の意味づけ方が現在における行動に与える影響に関するモデルを作成し，どのような影響があるのか検討した。その結果，過去から現在にかけて変化してきたことをポジティブに意味づけることや，過去から現在まで自分の中に一貫してポジティブな側面があると感じることは，現在から未来に

対してより良く変化していきたいという意識を高めていた。自分の中に一貫してネガティブな側面があると感じていることは，現在から未来にかけて変わっていきたいという意識を高めるが，このまま変わらないだろうというネガティブな予測にもつながっていた。さらに，現在から未来にかけてこのままの自分でいたいという希望は現在における活動を動機づけていた。現在から未来にかけて良い方向に変わっていきたいという思いは目標に関わる活動を動機づけるが，時間の使い方への評価を低めていた。変わりたいという思いにはポジティブな側面もあるが，現在の自己に満足していない可能性があることから，ネガティブな側面もあることが示された。

過去と現在の関連性が現在と未来の関連性に影響を与え，現在と未来の関連性が現在の行動を動機づけるというモデルを作成し，現在・過去・未来の連関過程の一部を検討したところ，適合度が高く，モデルの妥当性が示された。

以上の検討の結果，本章では以下の結論が得られた。
(1) 現在における状況の違いによって過去と現在の関連の意味づけ方は影響を受ける。特に，現在の生活感情がポジティブであると過去から現在の変化や一貫性を肯定的に意味づけることが出来，反対に，現在の生活感情がネガティブであると過去から現在の変化や一貫性をネガティブに意味づける。
(2) 過去から現在の変化や一貫性の意味づけ方は，現在から未来にかけての意識に影響を与え，さらに現在から未来にかけての意識は現在の行動を動機づける。
(3) 以上（1）（2）を合わせると，現在の状況によって過去と現在の関連の意味づけが規定され，過去と現在の関連性が現在と未来の関連性に影響を与え，さらに現在の行動を動機づけるという現在・過去・未来の連関過程が示された。

第7章
過去・現在・未来の語り方による時間的展望の変化

　第7章では，第4章から第6章まで部分的に検討を行ってきた現在・過去・未来の連関過程を全体としてとらえ，統合する研究を行う。現在・過去・未来の連関過程を明らかにするため，3つの時間を同時にとらえることの出来る技法であり，時間的展望を形成する技法である展望地図法（園田，2011）と面接法を組み合わせ，縦断調査を行うことによって時間的展望の変化を検討する。面接時点における自身の過去と現在の関連の意味づけ方の違いによって，調査への参加前後で時間的展望の過去・現在・未来への意識に変化があるかどうかを明らかにする。インタビュアーは本調査において，過去のとらえ方を変化させる要因としての「他者」として位置づける。

第1節　過去・現在・未来の関連づけ方による時間的展望の変化：展望地図法と面接法を組み合わせた短期縦断調査（調査13）

目　的

　時間的展望における現在・過去・未来の連関過程を明らかにすることを目的とする。展望地図法と面接法を組み合わせた短期縦断調査を行い，面接時点において，自身の過去と現在の関連をポジティブに意味づけるか，ネガティブに意味づけるかによって調査協力者を分類する。次に，2つの意味づけタイプの間で，調査への参加前後で時間的展望の過去・現在・未来の得点に変化があるかどうかを検討する。最後に，2つの意味づけタイプから代表的な事例を1例ずつ選出し，発話内容の特徴と時間的展望の変化の関連を検討する。

126　第7章　過去・現在・未来の語り方による時間的展望の変化

方　　法

調査協力者

　調査協力者は調査3と同一であった。

調査時期

　調査3と同一であった。

調査手続き

　調査3と同一であった。加えて，Table 7-1-1に本調査の流れを示す。まず，Wave1の時点で展望地図の作成（集団調査）を行った。その後，Wave2の時点で展望地図に基づく面接調査（個別調査）を約60分前後行った。集団調査（Wave1）の約1.5ヶ月後（中央値 = 50日）に個別調査（Wave2）が行われた。インタビュアーの調査協力者に対する態度として，「日常生活の会話においてするような反応を返すこと」，したがってネガティブな発言がなされても，基本的に「受容的，肯定的な反応を返す」という点に留意した。展望地図作成前と，面接調査の後に時間的展望に関する質問項目で構成されたアンケートへの回答を求めた（Table 7-1-1）。

調査内容

　（1）フェイスシート（性別，年齢，学年，学部）
　（2）展望地図法（園田，2011）：詳細は第3章第2節，調査3を参照。
　（3）半構造化面接　面接における質問項目は，第3章第2節，調査3のTable3-2-1を参照。
　（4）時間的展望に関する質問項目：過去のとらえ方尺度（調査2で作成），目標意識尺度（都筑，1999）より「将来への希望」「目標意識の有無」「空虚感」としてまとめられたものを用いた。調査協力者の負担を軽減するため，調査2において過去のとらえ方の各下位尺度のうち，負荷量の高かった5項目を選出して用いた。目標意識尺度に関しても都筑（1999）の因子分析の結果から，負荷量の高かった5項目を選出して用いた。全40項目を使用した。

第1節　過去・現在・未来の関連づけ方による時間的展望の変化

Table 7-1-1　展望地図と面接法を組み合わせた縦断研究の手順

Wave 1 （2012 年 10 月）		Wave 2 （2012 年 11 月〜2013 年 1 月）	
ワークショップ（集団調査）		面接調査（個別調査）	
(1) 時間的展望に関するアンケート	(2) 展望地図の作成	(3) 面接調査（60 分前後）	(4) 時間的展望に関するアンケート

結　果

尺度の構成

　過去のとらえ方尺度の下位尺度，目標意識尺度の下位尺度に関して信頼性係数（Cronbach の α 係数）を算出した結果，Wave1 において，将来への希望 α = .87，目標意識の有無 α = .91，空虚感 α = .82，連続的とらえ α = .83，否定的態度 α = .77，受容的態度 α = .64，わりきり態度 α = .66，否定的認識 α = .83 であった。Wave2 において，将来への希望 α = .88，目標意識の有無 α = .91，空虚感 α = .77，連続的とらえ α = .79，否定的態度 α = .87，受容的態度 α = .69，わりきり態度 α = .59，否定的認識 α = .90 であった。

語り方による調査協力者の分類

　まず，面接調査での発話内容に基づき調査協力者を次の手順で分類した。まず，第6章第1節，調査 11 における発話への得点化の結果から，過去 - 現在関連性と現在 - 未来関連性の発話それぞれについて，ポジティブな発話が多いか，ネガティブな発話が多いかを調査協力者ごとに発話数によって判断した。このとき，ポジティブな発話とネガティブな発話数が同じであった場合，調査 3 における Table 3-2-1「地図の全体のイメージ」「過去，現在，未来の関連について」の質問に対する回答からポジティブかネガティブかを判断した。過去 - 現在関連性に関する発話が見られなかった調査協力者が 1 名いたが，この場合も同様の手続きを取った。過去 - 現在関連性がポジティブで現在 - 未来関連性がポジティブな場合は PP 群，過去 - 現在関連性がポジティブで現在 - 未来関連性がネガティブな場合は PN 群，過去 - 現在関連性がネガティブで現在 - 未来

関連性がポジティブな場合は NP 群，過去 – 現在関連性がネガティブで現在 – 未来関連性がネガティブな場合は NN 群とした。その結果，調査協力者は PP，NP, NN 群のいずれかに分類された。さらに，調査11では，現在の状況によって影響を受けるのは過去 – 現在関連性であり，現在 – 未来関連性に違いが見られなかったことから，過去 – 現在の関連性がポジティブかネガティブかによって分類した。その結果，過去 – 現在の関連性をポジティブに関連づけていた関連性ポジティブ群（PP；$n = 19$）と，ネガティブに関連づけていた関連性ネガティブ群（NP および NN；$n = 10$）に分類された。

語り方の違いによる時間的展望の変化

　過去 – 現在関連性がポジティブかネガティブかによって分けられた関連性ポジティブ群と関連性ネガティブ群で，調査前後における時間的展望得点に差があるかどうかを明らかにするため，関連性（2）×調査時期（2）の二要因分散分析を行った。その結果，過去のとらえ方における「受容的態度」において交互作用が有意であった（$F (1, 27) = 40.66, p < .001$）ため，それぞれ単純主効果の検定を行った。その結果，関連性ネガティブ群の得点が Wave1（$M = 3.52$）から Wave2（$M = 4.08$）にかけて有意に増加していた（$p < .001$）。また，関連性ポジティブ群においても，Wave1（$M = 3.51$）から Wave2（$M = 3.77$）にかけて得点が有意に増加していた（$p < .01$）。どちらの群においても，受容的態度が肯定的に変化していた。

　その他，将来目標の有無，将来への希望，空虚感，連続的とらえ，否定的態度において，Wave の主効果が有意であった（$F (1, 27) = 3.45, 8.95, 6.57, 3.54, 2.91, p < .01 - .10$）。Wave1 から Wave2 にかけて，将来目標の有無（Wave1; $M=3.15$, Wave2; $M=3.42, p < .10$），将来への希望（Wave1; $M=2.99$, Wave2; $M=3.39, p < .01$），連続的とらえ（Wave1; $M=4.23$, Wave2; $M=4.38, p < .10$）は得点が有意に増加した。空虚感（Wave1; $M=3.07$, Wave2; $M=2.65, p < .01$）および否定的態度（Wave1; $M=3.14$, Wave2; $M=2.92, p < .10$）においては，得点が有意に減少した。

　また，空虚感とわりきり態度において群間に有意差が見られた（$F (1, 27) = 10.13, 4.31, p < .01 - .05$）。空虚感において，関連性ネガティブ群の得点（$M$

= 3.27）よりも関連性ポジティブ群の得点（M = 2.45）が有意に低かった。わりきり態度において，関連性ポジティブ群の得点（M = 2.75）よりも関連性ネガティブ群の得点（M = 2.23）が有意に低かった。関連性別に見た調査前後における将来目標の有無，将来への希望，空虚感，連続的とらえ，否定的態度，受容的態度，わりきり態度，否定的認識の変化を，それぞれ Figure 7-1-1，Figure 7-1-2，Figure 7-1-3，Figure 7-1-4，Figure 7-1-5，Figure 7-1-6，Figure 7-1-7，Figure 7-1-8 に示す。

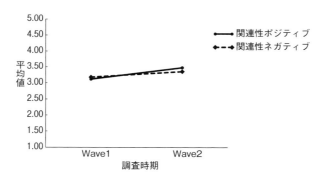

Figure 7-1-1　関連性別に見た調査前後における将来目標の有無の変化

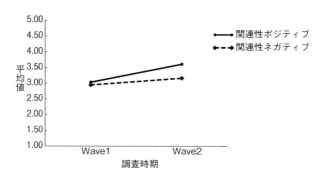

Figure 7-1-2　関連性別に見た調査前後における将来への希望の変化

130　第7章　過去・現在・未来の語り方による時間的展望の変化

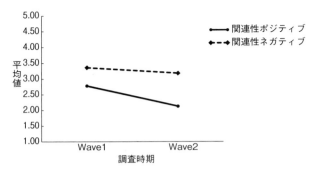

Figure 7-1-3　関連性別に見た調査前後における空虚感の変化

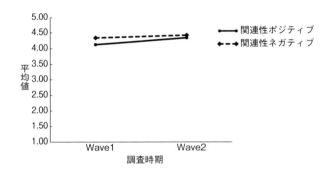

Figure 7-1-4　関連性別に見た調査前後における連続的とらえの変化

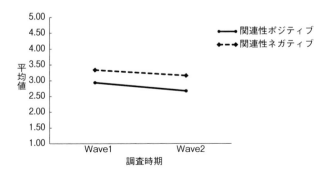

Figure 7-1-5　関連性別に見た調査前後における否定的態度の変化

第1節　過去・現在・未来の関連づけ方による時間的展望の変化　　131

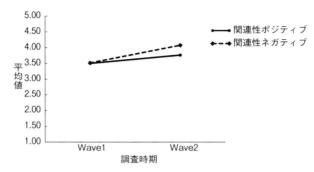

Figure 7-1-6　関連性別に見た調査前後における受容的態度の変化

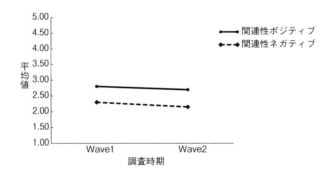

Figure 7-1-7　関連性別に見た調査前後におけるわりきり態度の変化

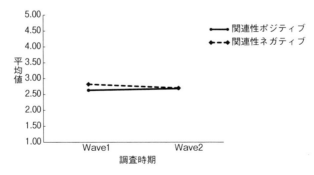

Figure 7-1-8　関連性別に見た調査前後における否定的認識の変化

関連性ポジティブ群，関連性ネガティブ群における代表的な事例の検討

現在・過去・未来の連関過程を明らかにするため，関連性ポジティブ群，関連性ネガティブ群から代表的な事例を1例ずつ選出し，発話内容の特徴と時間的展望の変化の関連を検討した。以下，面接データはゴシック体，その中でインタビュアーの発話を示す場合には（）内に示した。筆者による補足は＜＞に示した。また，地図上の付箋を示す際は，『』を用いた。会話を省略する場合には「…略…」と表記した。ポジティブな意味づけをしている発話には，一重線（___），ネガティブな発話を示す際は二重線（===）を使用した。また，発話を促したと考えられるインタビュアーの問いかけには波線（～～）を引いた。

関連性ポジティブ群における事例：h さん（女性，22歳，大学4年生）

Figure 7-1-9 は，h さんの作成した展望地図を筆者が図として再現したものである。地図の左下に過去，中央上に現在，右に未来が配置されていた。この地図に基づき面接が行われた。h さんは，過去 - 現在の関連に関して「ポジティブな自己の変化」と「ポジティブな一貫性」があると意味づけており，さらに「良くなっていく自分」「これからも変わらない自分のポジティブな面」に

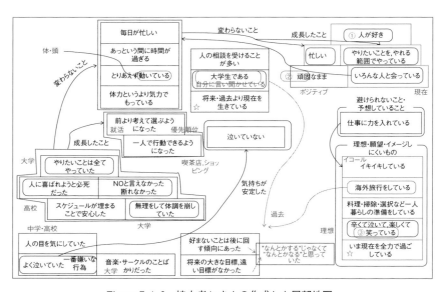

Figure 7-1-9　協力者 h さんの作成した展望地図

第 1 節　過去・現在・未来の関連づけ方による時間的展望の変化　　133

ついて言及した。ネガティブな意味づけは見られず，ポジティブな意味づけが多かったため，関連性ポジティブ群に分類された青年であった。以下，具体的に発話の特徴を検討した。

(1) h さんにおける過去から現在にかけてのポジティブな変化と，現在から未来にかけてのポジティブな変化予測

　まず，発話データ＜過去−現在：h−1＞では，「ポジティブな自己の変化」として，「下線(a) 就職活動を通して，優先順位をつけるようになった」ことを挙げ，インタビュアーの「日常で活かされてるか」という問いに対し，「下線(b) 前よりは，こう優柔，変なところでグダグダ迷うってことはなくなりました」と述べた。また，発話データ＜過去−現在：h−2＞において他の変化について話を聞いている際には，「下線(c) 就職活動じゃない部分でも，たぶん成長してるところは，ありました」と述べ，「下線(d) たぶんこれ，『やりたいことすべてやってた』のが，『前より考えて選ぶようになった』っていうのに，一番つながってると思います」と下線(b)と類似した日常での変化を述べ，自分の過去から現在にかけてのつながりを解釈している面がうかがえた。

　発話データ＜過去−現在，現在−未来：h−3＞では，毎日の忙しさについて「下線(e) 変わらないですね」と言いながらも，「下線(e)続き：前ほど詰めなくはなったんですけど予定を。…略…」と，変わらない中での変化について述べている。さらに，その後インタビュアーに「現在から未来にかけても変わらないまま忙しいのか」と問われると，「下線(f) 忙しいのはたぶん変わらない」としながらも，「下線(f)続き：その中で，たぶんここの優先順位とかと一緒で，やりたいことをやれる範囲で自分で選んでるかなって」と，忙しいという状況は変わらない中で，自分がその忙しさにどう対応していくのかという点が変化していくことを予測していた。その後，インタビュアーとの対話の中で「これまでに出来るようになって来ている」という実感と，それに基づく未来のイメージが語られている（下線(f)）。そして最後に，「下線(g) 今まではたぶん，こう，やりたいことがいっぱいあって，優先順位って考えると，削るっていうイメージが強かったんですけど，今はたぶんその中から，本当にやりたいことを選んでるっていう，上の部分を選んでるイメージの方が強いので。…略…」，「下線(h) 選ぶのも，わりとプラスのイメージにはなってます」と，就職活動を通した変

化，そして日常での変化をまとめる発話が見られた。

(2) hさんにおける過去から現在にかけて一貫してあるポジティブな自己と，現在から未来にかけて続いていくポジティブな自己

発話データ＜過去−現在，現在−未来：h−4＞では，過去から現在，現在から未来にかけて一貫しているポジティブな自己に関する発話が見られた。まず，インタビュアーが「この中で大事なところはあるか」と問うと，「下線(i)『笑ってる＜未来の付箋＞』」「下線(j)『頑固＜未来の付箋＞』…略…自分を持ってたいなっていう意味で。…略…」「下線(k)『人が好き＜未来の付箋＞』なのも，結局変わらないし，そういう自分でいっかっていう思いがあるので」と未来の付箋を指した。発話の内容から，「これからもこのままでありたい」という面がうかがえた。この点に対し，インタビュアーから「3つは一応未来のことではあるが，未来でというよりは，今も大切，ずっと大切だったからか」と問われると，「下線(l)あーそうですね。ずっと変わらないっていう感じですね。…略…そうですね。全部たぶん変わってない，もとからのところではあると思います」と，これまでも存在してきた自己の側面であることを自覚した様子が見られた。また，「いつから大切か」と問われると，「下線(m)人に言われてからっていうのはありますね。…略…」と，すぐにエピソードを抽出することが出来ていた。

(3) hさんの発話の特徴と時間的展望の得点の変化

以上，ポジティブな自己の変化と一貫したポジティブな自己について，発話の特徴を見てきた。hさんは過去の自分を振り返りながら，その後過去から現在にかけてなぜ変化したのか，またこれまでも変わらないのか，など問われることで他者に向けて筋が通るように説明を行いながら，自身も面接時点で解釈している様子が見られた。

hさんの時間的展望の得点は，地図作成と面接調査を通して，目標意識尺度では，空虚感が1.8から2.2，将来目標の有無3.2から3.6，将来への希望が4.17から3.83に変化した。過去のとらえ方においては，否定的態度が2.2から1.8，わりきり態度が2から2.25，否定的認識が1.6から2.8に変化した。連続的とらえは4.8，受容的態度は4.4のまま変化しなかった。Wave1の時点から過去のとらえ方は肯定的であり，あまり変化は見られなかった。調査時点

において既に自己の変化に対する実感があったことから，面接を通した変化は見られなかった可能性もある。

＜過去‐現在：h‐1：就職活動を通して優先順位をつけるようになった＞
　一番最初，まだ就活を始めたばっかりってとりあえず全部のところに顔出したりとか動いたりっていうのをしてたんですけど，それやると本当に受けたかったところが受けれなくなっちゃったりとか，スケジュールの関係でっていうのがあって。（そっかそっか）そういう意味で行きたいところを削っていくっていうのも，そうですし,,って感じですかね hh。考えるようになったのは，なんか (a) 優先順位をつけるようになったっていうのはあります。（それが上手くできるようになったって感じですか？）はい。（地図を作ったときは就活も終わって，こういうことが出来るようになったなっていう実感があったんですか？）ありましたね hh。（今もこれは日常で活かされてる？）hhhh。（hh あれ？）あれ。hh。でも (b) 前よりは，こう優柔，変なところでグダグダ迷うってことはなくなりましたね。

＜過去‐現在：h‐2：やりたいことを全てやっていた過去に比べて，選ぶようになった現在＞
　たぶん『やりたいこと全てやってた』のは大学，それもサークル入ってるときとかが一番強いと思うんですけど。…略…『スケジュール埋まる＜ことで安心していた＞』っていうのは大学に限らず高校中学，部活が始まって位から割と，その傾向は。高校からスケジュール帳を持ちだしたんですよ。で，スケジュール帳で，一カ月とか一年のスケジュールが目に見えるようになって，空いてる日があるとなんか落ち着かないんですよ hh。ここになんか入れたいなっていうのがあって，いろいろ遊びだとかバイトだとか入れてたので。たぶん高校からが強いです，これは。（これは今もって感じですか？）はい，今もです。今もです hh。反省してないですね hh。（自分にとってはそんなに良くないことなんですか？）結果的に体調崩してる限り hhh。（そっか）やってて楽しいのは楽しいんですけど，忙しいのでほっとしてるっていうだけで。（体調崩しちゃいけないだろうって感じですか？）そうなんです，そうなんです。（そっか。確かに体調大切ですもんね hh）hhh。そうなんです。,,これ＜『人に喜ばれようと必死だった』＞はたぶんもともとの性格。…略…だから逆にそれを優先しちゃって，人に頼まれたら断れないので『No と言えなかった』りとか。（これもつながってる）つながってます。で, No と言えないからスケジュールが埋まっちゃって hh。（埋まっちゃうときもあるの？）埋まっちゃうときもあります。（そっか）逆にスケジュールが入るのも嬉し

かったり。こう人から必要とされてるみたいなのがたぶん嬉しくて，断らずに予定を入れて，風邪を引くと。はい hh。（そうなんですね。じゃあこの辺は結構）リンクして hh。（結構つながってるんですね）はい。（いろんなところでつながってて，何だろう自分なりに納得する面もあるけど，ちょっとネガティブな面もある？）そうですね。はい。また入れちゃったよって hh，いうのもあります。…略…（で，ここのブロックから，今度＜現在の＞成長したことと変わらないことにつながっていってるんですけど，これはどういうつながりで変わっていってるんですか？ ここは就活？ 成長したことは就活ってさっき書いてくれたんですけど）そうですね。就職活動が一番大きいんですけど。あとたぶんこの『やりたいこと＜を全てやっていた＞』っていうのもバイトとか，サークル，友達と遊んだり，授業もやらなきゃいけないっていうのでいっぱいいっぱいだったときに，じゃあサークル削ろうかなっていうので， (c) 就職活動じゃない部分でも，たぶん成長してるところは，ありましたね。結局みんなに迷惑かけちゃって申し訳ないなっていうのがあったので。 (d) たぶんこれ，『やりたいことすべてやってた』のが，『前より考えて選ぶようになった』っていうのに，（あ，つながってるんだ）一番つながってると思います。（うん。そっかそっか。これはやっぱりこの就活がきっかけでって感じなんですか？ それより前からって感じ？）いや，きっかけですね hh。就職活動をして，サークル，就職活動始めてからサークルに顔出さなくなったので。それこそ4月まではだらだら顔出してたんですけど，本当にやばいぞってなってからは全く顔出さなくなったので。…

＜過去－現在，現在－未来：h－3：過去から現在にかけて成長した実感と，現在から未来にかけて成長していくイメージ＞
（この変わらないこと＜『毎日が忙しい』など＞っていうのは，今現在もまぁこういう状態なのかなって感じ？）こういう状態ですね hhh。あぁあぁ反省してない hh。（変わらないなって思いますか？） (e) 変わらないですね。前ほど詰めなくはなったんですけど予定を。それこそ前は一カ月に休みが，本当に何もない日が1日とか，2日位だったんですけど，今は一週間に1日は何にもない日は一応作るようにはしてて。でもその日も結局外に買い物行ったりはしちゃうんですけど。（一人で？）一人で。なのであんまり人との予定を組まないっていう面では，今の方が出来てます。（あれですかね。＜面接中における他の変化に関するエピソードを受けて＞やっぱり一人で行動できるようになったっていうのもあって，自分の時間っていうんですか？）そうですね。自分の時間。（うん。調整できるようになってきたって感じですか？ 前より。）調整できるように。一応断れるようにもなりました。（あ，そうなんですか？ 友達とかの誘いを？）そうですね。（それはちょっと無理をして

体調崩すのが見えてるから？ hh）hh。そうですそうです hh。（そっかそっか。いいですね。でも今，これ，大体この＜現在の＞括ってかなり忙しそうな内容になってるけど hh。）hhh。そうなんですよね。（これは今も忙しいって感じですか？）今も忙しいです hh。（これは何で忙しいとかありますか？）今は，バイトですかね。サークルはまだ，あんまり顔出してないので。…略…（じゃあこの『とりあえず動いている』っていうのもそんな感じですか？）そうですね。なんか止まってる，休んでると，なんかもったいないっていう気になっちゃって。なので，体は休めつつ，次に何しようかなっていうのは考えたりっていうので。体だけじゃなく，考えたりとか，（そっかそっか）そういう意味でも動いてるっていう。（1日家でゆっくりしてるとかはあんまりない？）ないです。（そうなんだ）あんまり好きじゃないんですよね。（ゆっくり過ごすことって感じが？）はい。本当に，風邪ひいてるとき位しか家で寝てないんで hhh。本当に。（,,, 頭と体で。）はい，はい hh。（そうなんですね。で，これがまた未来につながってて，変わらないことと，成長したことなのかな？）反省してないですね，本当に。（したこと，かな？ したこと，で，つながっていってると思うんですけど，これはきっと変わらないだろうって感じで，忙しい？）はい hhh。 (f) 忙しいのはたぶん変わらない。その中で，たぶんここの優先順位とかと一緒で，やりたいことをやれる範囲で自分で選んでるかなって。（そういうのは出来るようになってきてるっていうのもあるんですか？）来てるっていうので，はい。（で，将来また，もうちょっと出来るようになるだろうって感じ？）はい。（あ，いいですね。）そのイメージが。（あ，なんかちょっと，明るいですよね。）明るい hh，イメージ。…略…そんな感じはしてます。…略…なんか (g) 今まではたぶん，こう，やりたいことがいっぱいあって，優先順位って考えると，削るっていうイメージが強かったんですけど，今はたぶんその中から，本当にやりたいことを選んでるっていう，上の部分を選んでるイメージの方が強いので。（そっか。意識が変わったって感じですか？）はい。なんか削るっていうとちょっと嫌な感じはしてたんですけど。（そうかもしれないですね。うん）はい。…略…なので，はい。 (h) 選ぶのも，わりとプラスのイメージにはなってます。

＜過去－現在，現在－未来：h-4：過去から現在まで変わらない自分の大事なところと，現在から未来にかけて変わらないだろう自分＞
（この中で自分にとって大事なところってありますか？）大事なところ。ワード。（一つって感じじゃなくても，もちろんこの辺とか，この流れとかでもいいんですけど。）うーん，本当部分的で言うと，なんか (i) 『笑ってる＜未来の付箋＞』っていうのは，すごい自分でも好き。あと人に言われることも多いので。なんか，hさんの印象笑ってるよみたいな hh，のも多いので。これは

自分にとって，意識して笑ってたいっていうのもあるし，そういうイメージをみんなに持っててもらいたいっていうのもあるので。これは大事なのと．．．，(j)『頑固＜未来の付箋＞』ですかね。（あ，それも大事？）hh。頑固も，うーん，いや人に流されやすいには流されやすいんですけど。（あ，そっかそっか。そういうところ？）行動的には流されやすいんですけど，流されすぎる前に，いやちょっと待てよっていうところはあるので。(j)自分を持ってたいなっていう意味で。自分を持ってる意味の頑固。（うん。ポジティブな頑固って感じですかね。hh）ポジティブな頑固です hh。hhh。（頑固って大体ネガティブなイメージなので，あ，大事なんだと思って hh）ポジティブな頑固 hh，いいですねそれ hh。（hh。自分を持ってる。）ポジティブな，はい。あとはもう，(k)『人が好き＜未来の付箋＞』なのも，結局変わらないし，そういう自分でいっかっていう思いがあるので。（この3つっていうのは，まぁ一応未来のことではあるんだけど，これは未来でっていうよりは，今も大切，ずっと大切だったからって感じ？）(l)あーそうですね。ずっと変わらないっていう感じですね。（今たまたま未来のところに書いてあるからって感じですか？）hh。そうですね。全部たぶん変わってない，もとからのところではあると思います。（いつから大切とかありますか？）んー，あー，人に言われてからっていうのはありますね。（あ，そうなんだ）あんまり自分では意識してなかったんですけど。(m)大学に入る，高校卒業のときに，卒業アルバムにそういう風にコメントしてくれた方がいて。そこからそういう印象なんだっていうのが。で，わりと自分でも，こう常に笑ってたり笑顔でいるようにっていうのは，意識はしてないんですけどやってたっていうところがあったので。あ，ちゃんとそれ見てる人がいるんだっていうので，そこからですね。（ちょっと大切なポイントかなって？）大切なポイントだなっていう。…

関連性ネガティブ群における事例：Jさん（男性，19歳，大学1年生）

　Figure 7-1-10 は，Jさんの作成した展望地図を筆者が図として再現したものである。地図の左側に過去，中央に現在，右側に未来が配置されていた。この地図に基づき面接が行われた。Jさんは，過去－現在の関連に関して，「ポジティブな自己の変化」，また「ポジティブな印象だった過去を，ネガティブなものとして語り直す面」が多く見られた。さらに，現在－未来の関連に関しては，「ポジティブな変化」についても言及したが，そのあとに「ネガティブな変化」について述べており，どちらともいえない様子を示した。過去－現在の関連への意味づけでネガティブな意味づけが多いと判断されたため，関連性ネガティ

第 1 節　過去・現在・未来の関連づけ方による時間的展望の変化　139

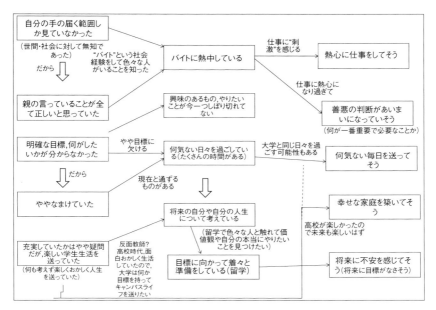

Figure 7-1-10　協力者 J の作成した展望地図

ブ群に分類された青年であった。

(1) J さんにおける過去から現在にかけてのポジティブな変化と，変化による過去のとらえなおし，および現在から未来にかけてのポジティブ，ネガティブな予測

　発話データ＜過去−現在：J-1＞では，過去から現在にかけてのポジティブな自己の変化として，「下線 (a) 色んな人がいる…略…そういうのを見てると，なんかその自分の考えが少し変わってきた」と述べ，「下線 (b) そのとき結構大人の方が多くて，失業しちゃった人とか，そう，そういうおじさんとか，人生経験をすごいしてる人がいっぱいいて…略…」や，「下線 (c) 自分と一緒の歳の子で，大学行かずに，海外でまず，短大？　みたいな二年制大学に行くみたいな人がいて」など，具体的に自分に影響を与えた他者を挙げた。さらに，この出会いに対し，＜過去−現在：J-2＞において，「下線 (d) 良かった，刺激になった，色んな事を知った」や「下線 (e) 本当奇跡ですよね」と意味づけていた。

　しかし，このポジティブな変化のあとに，楽しかったこれまでに対してとら

えなおしている様子がうかがわれた。例えば，発話データ＜過去‐現在：J-3＞では，自分の出身を「下線(f)附属高校なんですけど」と前置きした上で，「下線(g)…自分は，結局その流れにそって，そのまんま，自分○○（専攻名）になんで入りたいかっていうのも，結局よく，考えずになんか，結局適当に入ったんですけど。それで，何がしたいかわからなくって，なまけた。」とし，その結果「下線(h)結局まだ目標が，何をやりたいかっていうのが，分かんないんですよね。」と述べた。そして付箋のつながりを考える中でこれまでの語りをまとめ，「下線(i)あ，それ昔のときたぶんそれつながってる。だから，昔のときに本当そういうことちゃんと考えてれば，なんかそれなりのなんか対応が，出来たじゃないですか。だけど今もう結局，もう時すでに遅しで，結局何に，いっぱいいろんなことやりたいことでごちゃごちゃになってて，結局それが出来ないから，まぁ何気ない日々を過ごしているみたいな。」と過去と現在の関連を意味づけていた。この意味づけも，バイト先で出会った女子青年がきっかけで起こったものであった（下線(j)）。過去の出来事のとらえなおしは，発話データ＜過去‐現在：J-4＞における「下線(k)もうすごい楽しかったんですよ高校本当に。もう超楽しくて，でもやっぱ楽しいままでいいのかなっていう風に考えて，今に至りますね。」や下線(l)の発話にも現れていた。

　また，現在から未来に関してはポジティブな予測とネガティブな予測の両面に関する語りをしていた。発話データ＜現在‐未来：J-5＞では，「下線(m)とりあえず留学して，いろんな人出会って，で，自分の価値観とか？，本当にやりたいこと見つけたいなっていう。刺激っていう面で，留学したいなっていう，感じですね。」とポジティブな様子がうかがえたが，「下線(n)もしかしたらこれただ留学して，なんかその，適当なこと書いてあるじゃないですか，価値観とかどうたらこうたら，見つけられずに，結局帰ってくるんじゃないかなみたいな，そういう不安も，一緒にある。」と述べており，自分が現在行動しても何も変わらないかもしれないという，変化への不信のような語りが見られた。

(2) Jさんの発話の特徴と時間的展望の得点の変化

　以上，ポジティブな自己の変化と，その変化によってもたらされた過去のとらえ直しと，そこから生じている可能性があるポジティブ，およびネガティブな未来への予測について発話の特徴を見てきた。Jさんは，過去の出会いに

第1節　過去・現在・未来の関連づけ方による時間的展望の変化　　141

よって価値観に変化が起こり，その価値観に基づいて過去を見直し，過去の自分に後悔している様子がうかがえた。新しい価値観によって，「このままで良かった」ことが「これで良かったのか」という疑問に変わり，さらにこれから「このままで良いのか」という問いにつながっている様子がうかがえた。また付箋同士のつながりを問われることで，付箋につながりを見出し，自分なりにストーリーをまとめている様子も見られた。

　Jさんの時間的展望の得点は，地図作成と面接調査を通して，目標意識尺度では，将来目標の有無3.6から4.0，将来への希望が3.5から3.0に変化した。空虚感に変化は見られなかった。過去のとらえ方においては，連続的とらえが3.4から3.6，否定的態度が3.4から2.8，受容的態度が3.0から3.8，わりきり態度が2.25から2.0，否定的認識が3.2から2.2に変化した。過去に対する受容的態度が肯定的になり，否定的な態度や認識が下がっていた。

　　＜過去－現在：J-1：自分とは異なる他者との出会いによる価値観の変化＞
　　（＜「地図の上の方が重要なもの」というJの発言を受けて＞どういった意味で重要なんですか？）えー，なんか，世の中に対して，なんか本質を見てなかったっていうか，核心をついていなかった？　なんか，結構なんていうんですか，親の，やっぱ言ってることが全て正しいと思ってたって，書いたと思うんですけど，なんか自分で考えずに，その，言われたことが全て正しいって，このやっぱ年長だし，年上だし結構厳しいんですよ。だから，たぶん，言ってることは全て正しいと思ってたんですけど，(a) でもなんかバイトとか，色んな人がいるじゃないですか。（そうですね）その，そういうのを見てると，なんかその自分の考えが少し変わってきたっていうか，正しいと思ってたことは全然正しくないんだなっていう。正しいっていうのはないんじゃないかって。（うんうん。色んな考え方とかそういうのがあるんじゃないかってことですか？）あぁそうですそうですそうです。だからなんか自分の，世の中で正しいってことないからその自分のやってることが一番正しいみたいな，思いました。はい。（思ったんですね）思いましたね，はい。…略…自分，これ本当感じたのは，前，短期のバイトで，○○（バイトの業種）の仕事なんですけど，なんか (b) そのとき結構大人の方が多くて，失業しちゃった人とか，そう，そういうおじさんとか，人生経験をすごいしてる人がいっぱいいて，それを見て，なんか，ちょっと，違うなって hh。（なんか具体的にありますか？）自分と一緒の世代なんですけど，自分昔から結構海外にすごい興味を持ってたんです。でもやっぱ，あの，海外とかで，勉強，例えば大学行きた

いって海外の大学行ったとしても，なんていうんですか，日本の大学卒業になんないじゃないですか，あっちの大学卒業しても。だから結局こっちで戻ってきても就職とか何にもないみたいなことを親が言ってたんですよ。だから，なんか日本の大学行くことがやっぱ一番正しくて，そのまま日本の大学出て卒業すんのが。で，就職すんのが正しいと思ったんですけど，この (c) 自分と一緒の歳の子で，大学行かずに，海外でまず，短大？みたいな二年制大学に行くみたいな人がいて。そんな，行動に，移せる人ってなかなかいないじゃないですか。(そうですね) それでなんか，すごい刺激を受けて，すごいなっていう hh。そうですね，みんなみんな，日本の大学行って卒業して就職するって思ってたんですけど，そうじゃなくて，中にはそういう，なんか大学がアメリカあっちいって自分なりたい仕事があるっていう，言ってて，あ，そういう人もいるんだなみたいな hh。

＜過去－現在：J-2：自分を変えた出会いに対する評価＞
(じゃあその，きっかけがあってすごいよかったというか，そのきっかけは自分にとって，どんな感じですか？) (d) 良かった，刺激になった，色んな事を知った hhhh。(今連絡取れるんですか？) いや，取れないですね。(あ，そうなんですか？) たった一回しか会わなかったんですよ。(あ，そうなんですか？＜驚き＞へー) たった一回しか会わなくて，その一回の，確か一週間後かなんかにもう行っちゃって，ちょうどその時に話して hh。そしたら hh。(すごい，良かったですね。じゃあ会えてよかったというか) そう，いろんな場所なんですよ。派遣される場所が。で，たまたま本当にその時，一緒にG＜地名＞のとこで，あれだったんで， (e) 本当奇跡ですよね，逆に。…略…それまで何も考えてなかったですからね本当にこう何も考えず，本当に楽しくおかしく生きてたんで。バイト，その本当，それを経験で，あ，変えなくちゃいけないのかなって思って。すごい，思いましたね。

＜過去－現在：J-3：過去の自分が考えなかった結果としてある現在の状況＞
(「明確な目標，何がしたいかが分からなかった」って書いてあるんですけど，ここからつながるライン含めて，ちょっといろいろ話を聞いていきたいんですけど，うん。これ＜「ややなまけていた」＞はつながってるんですか？「だから」って書いてありますけど。) あぁつながってます，つながってます。(具体的なエピソードってありますか？) 具体的なエピソードですか？ 具体的なエピソード。(とか，いつ頃のことかなと思って) これは高校のときですね。高校の時に，自分， (f) 附属高校なんですけど，(あ，そうなんですか) なんかもう，すごい自由で，何やってもよかったんで，…略…それでなんか，周りは受験じゃないですか。で，たぶん大学決めるに当たって，何がしたいかって

第1節　過去・現在・未来の関連づけ方による時間的展望の変化　143

たぶん問うと思うんですよ。で，自分何がしたいからこの大学に行くみたいな。で，この大学のこの学科志望するみたいな。(g) <u>でも自分は，結局その流れにそって，そのまんま，自分○○（専攻名）になんで入りたいかっていうのも，結局よく，考えずになんか，結局適当に入ったんですけど。それで，何がしたいか分からなくって，なまけた。はい。</u>（なまけてたんですか？）なまけてたっていうか，遊んでた。…略…＜○○専攻を選んだのは＞ほんとこれあれなんですよ。テレビの，見て，そんときはまってたテレビが○○だったからその勢いで入ったんですよ。…略…（今度現在に2つつながってると思うんですけど，まぁなまけていたも含めると3つ出てると思うんですけど，ここはどうやってつながってるとかありますか？）えーと，(h) <u>結局まだ目標が，何をやりたいかっていうのが，分かんないんですよね。</u>これ，ここら辺が。（今一つしぼれてないってとこですか？）でも，いっぱいあるんですよ興味があること。hhhh（しぼれてないって書いてあるので，あ，あるんだって）そう，そう，逆に。いろんなの結構楽しいなみたいな。で，いろんな楽しいことがあるので，いっぱい，全部学びたいんですよ。言うなれば。興味のあることを。でも，それ難しいじゃないですか。（絞るって難しいですよね）だからなんかあの，アメリカの大学とかってやっぱリベラルアーツみたいな感じで，すごいいろんな，いっぱい，学べるじゃないですか。それがよかったなぁってhh。今となってみての，話ですけど。（そうなんですね。）(i) <u>あ，それ昔のときたぶんそれつながってる。だから，昔のときに本当そういうことちゃんと考えてれば，なんかそれなりのなんか対応が，出来たじゃないですか。だけど今もう結局，もう時すでに遅しで，結局何に，いっぱいいろんなことやりたいことでごちゃごちゃになってて，結局それが出来ないから，まぁ何気ない日々を過ごしているみたいな。</u>（あ，じゃあここの，現在の上から2つ目と3つ目は，ちょっとつながってるんですか？）つながってますね。はい。（そうなんですね。～それってこの，バイトで会った人とかも関係してるんですか？）(j) <u>あぁもうすごいこれが本当バイトで，やっぱそのさっきの大学の，女の子の，アメリカの大学行くって聞いて，すごい，思いましたね。刺激を受けたっていうか。</u>

＜過去－現在：J-4：楽しかったこれまでに疑問を感じている現在＞
（ここも「反面教師？」っていう風につながってるじゃないですか。これはどうつながってるとかありますか？）いやーそうですね，楽しく，おかしくやってて，(k) <u>もうすごい楽しかったんですよ高校本当に。もう超楽しくて，でもやっぱ楽しいままでいいのかなっていう風に考えて，今に至りますね。</u>

144　第7章　過去・現在・未来の語り方による時間的展望の変化

<現在－未来：J-5：現在から未来にかけての変化の希望と不安>
　いっぱい時間があるんで。大学って意外とひまじゃないですか？　hh。（あ，そうですか？）いや，暇，そんな，1限から，高校のとき1時間，1限から6限までずっとつまってたじゃないですか。そうじゃないじゃないですかhh。結構，間間空いてみたいな。（確かに）(l)割と時間あって，こういうバイトの人から刺激を受けて，なんか，このままの人生でいいのかなって，すごい考えてます本当に。（うん。で，そこから生まれてきたんですか？　留学は。）(m)とりあえず留学して，いろんな人に出会って，で，自分の価値観とか？，本当にやりたいこと見つけたいなっていう。刺激っていう面で，留学したいなっていう，感じですね。（どんな準備してるとかありますか？）あの，勉強してますね，英語。…略…（今，目標って言われれば留学ってなるんですか？）そうですね。はい。（に，向かって準備してて，こうちょっと不安そうな未来<『将来に不安を感じてそう』>につながってるっていうのは？）hh。結局留学しても，親，そう親のあれなんですけど，結局，なんか，意味を，理由を持って，留学行かないと意味ないよみたいな。刺激とかじゃなくてなんか例えばなんかやりたいっていうのもって留学しなくちゃ意味ないよって言われて，(n)もしかしたらこれただ留学して，なんかその，適当なこと書いてあるじゃないですか，価値観とかどうたらこうたら，見つけられずに，結局帰ってくるんじゃないかなみたいな，そういう不安も，一緒にあるみたいな。

考　察

　調査13では，時間的展望における現在・過去・未来の連関過程を明らかにすることを目的とした。展望地図法と面接法を組み合わせた短期縦断調査を行い，面接時点において，自身の過去と現在の関連をポジティブに意味づけるか，ネガティブに意味づけるかによって調査協力者を関連性ポジティブ群と関連性ネガティブ群に分類した。この2群で，調査への参加前後で時間的展望の過去・現在・未来の得点に変化があるかどうかを検討した。その結果，調査を通して，過去から現在までをネガティブに意味づけた青年においても，ポジティブに意味づけた青年においても，過去に対する受容的な態度が肯定的に変化していた。また，調査に参加し，展望地図の作成，およびそれに基づく面接を行うことによって，将来目標を持っていると感じる意識や将来への希望が高くなり，過去を現在や未来との関係でとらえる意識も高まっていた。反対に，現在の空虚感と過去に対する否定的な態度は低くなっていた。過去から現在までをポジティ

ブに意味づけた青年とネガティブに意味づけた青年の間には，空虚感と，過去に対してわりきった態度をとることにおいて差が見られた。過去から現在までをネガティブに意味づける青年よりもポジティブに意味づける青年の方が空虚感が低かった。また，過去から現在までをネガティブに意味づける青年は，ポジティブに意味づける青年に比べて過去をわりきれていなかった。

　過去と現在の関連をポジティブに意味づけた青年とネガティブに意味づけた青年から，それぞれ代表的な1名を事例として選出し，発話の特徴について検討を行った結果，両方の事例において共通して，「過去から現在にかけてなぜ変化したのか，また付箋同士のつながりを問われることで他者に向けて筋が通るように説明を行い，自身も面接時点で気づいたり，解釈している様子」が見られた。

　以上の結果から，どちらの群においても調査への参加を通して，時間的展望が肯定的に変化するといえる。過去を回想したり，過去・現在・未来を可視化することによって未来への展望が肯定的になることは，先行研究の結果（Marko & Savickas, 1998；白井, 2001；園田, 2011；山田, 2004b）と一致しており，改めて過去を振り返ることの効果が示された。しかし，過去を振り返ることで何が変わり，未来への展望を変化させるのかという点についてはこれまでの研究では示されてこなかった。本調査の結果から，過去を振り返ることで，過去に対して受容的にとらえようとする態度が大きく高まることが明らかにされ，また否定的な態度を低めることが明らかにされた。また，過去を現在や未来との関係で統合的にとらえようとする意識も高めており，このような過去のとらえ方の変化によって，目標意識，将来への希望が高まると考えられる。また，現在という時点によって過去の語りが再構成されること（杉浦, 2001）や，他者に向かって自己世界を言語表現することの持つ意味（溝上, 2004）が指摘されており，さらにこのような他者に向かった言語表現は，「相手が理解できるように語らねばならない」（溝上, 2004）とされる。本調査における面接において，インタビュアーに理解できるように自身の過去・現在・未来を解釈しながら語ることによって，上述したような過程を経て青年の時間的展望が再構成されたといえる。先行研究において見出されてきた，過去のとらえ方が変化する要因としての他者（松下, 2008；山田, 2004b）が，面接調査を通して明らかにさ

れたといえる。

　過去から現在までをネガティブに意味づけた青年において，過去に対する受容的な態度が肯定的に変化した程度が大きかったことから，たとえ面接時点における発話内容がネガティブであっても今後肯定的に変化していく可能性があるだろう。

第2節　本章のまとめ

　第7章では，時間的展望における現在・過去・未来の連関過程を明らかにすることを目的とし，展望地図法（園田，2011）と面接法を組み合わせ，縦断調査を行うことによって変化を検討した。このような変化過程を見ていくことで，現在・過去・未来の連関過程がより明らかになると考えられた。その結果，過去を振り返ることで，過去に対して受容的にとらえようとする態度が大きく高まることが明らかにされ，また過去を現在や未来との関係で統合的にとらえようとする意識を高め，否定的な態度を低めることが明らかにされた。このような過去のとらえ方の変化によって，目標意識，将来への希望が高まると考えられた。また，代表的な事例の発話内容を検討した結果，過去と現在の関連をポジティブに意味づけた青年もネガティブに意味づけた青年も，他者に理解できるように自身の過去・現在・未来のつながりを語ることを通して，自分の変化や一貫性に気づいたり，その理由を解釈していた。この作業によって過去に対する態度が受容的になり，過去から未来への連続性を感じ，未来への展望が肯定的になると推測された。

　以上の検討の結果，本章では以下の結論が得られた。
(1) 現在という時点において，他者に向けて自身の過去・現在・未来を語ることは，過去のとらえ方を肯定的に変化させる効果を持ち，それによって未来への展望を変化させる。
(2) 他者に向けて語る中で，他者が解釈可能なように説明し，自身も自己の変化や変わらないことなどを自覚したり，その理由を解釈することで，過去への受容的な態度が高まる。

第8章
討論および結論

　第3章から第7章では，累計1,346人の大学生を対象に，2009年から2014年にかけて実施した調査1～13の方法と結果について述べてきた。本章では，得られた知見と成果を整理し，総合的に討論する。そして最後に，本研究の限界と今後の課題を示す。

第1節　本研究で得られた知見

　本研究を通して得られた結果は，以下のようにまとめることができる。
　第3章では，青年期における過去の側面を測定する尺度を開発した。第1節では青年の過去のとらえ方を複数の側面から測定することの出来る「過去のとらえ方」尺度を作成し，信頼性と妥当性を持っていることを確認した。第2節では，青年が過去と現在の関連をどのように意味づけているのか，また現在と未来の関連をどのように意味づけているのかという側面を測定することの出来る，「時間的関連性（過去‐現在関連性，現在‐未来関連性）」尺度を開発し，信頼性と妥当性を持っていることを確認した。
　第4章では，3つの調査を通して，青年の現在の生活感情および大学生活の過ごし方の違いによって過去のとらえ方が規定される点が明らかにされた。第1節では，現在における正の生活感情である充実感の高低によって過去のとらえ方が異なることを明らかにした。具体的には，充実感が高い青年は充実感の低い青年，また充実感が中程度の青年よりも過去に対して受容的な態度をとっており，過去を現在や未来と連続しているものとしてとらえていた。また，充実感の低い青年と中程度の青年は，充実感が高い青年よりも過去に対して否定的な態度をとっており，さらに否定的に認識していた。第2節では，現在にお

ける負の生活感情である空虚感の高低によって過去のとらえ方が異なることを明らかにした。現在において空虚感を強く感じている青年の方が，感じていない青年よりも過去に対してネガティブに認識し，過去に対し否定的な態度をとっていた。また，空虚感が低くなるにつれて，過去に向き合おうとする態度を持ち，過去を現在や未来と連続したものとしてとらえていた。第3節では，大学生活の過ごし方タイプによって過去のとらえ方が異なることを明らかにした。現在，友達と多く交際しているタイプの青年に比べ，交際，勉強，娯楽のどれにおいても活動が少ないタイプの青年は過去を否定的に認識していた。

　第5章では，3つの調査を通して，過去のとらえ方タイプによって未来への展望が異なる点が明らかにされた。まず，第1節に基づき，青年の過去のとらえ方のタイプには，過去のとらえ方で葛藤している「葛藤群」，肯定的にとらえている「肯定群」，過去に無関心な「無関心群」，とらえ方が不安定な「不安定群」，過去を現在や未来との関係で統合している「統合群」，過去にとらわれている「とらわれ群」という，異なる過去のとらえ方の特徴を持つ6タイプが存在した。第1節では，過去のとらえ方タイプごとの自己形成意識の特徴を明らかにした。過去に無関心な青年，とらわれている青年よりも肯定的な青年や過去を現在，未来との関係で統合している青年，さらに過去に対して不安定なとらえ方をしている青年の方が自己形成意識が高かった。また，過去のとらえ方に葛藤している青年は過去にとらわれている青年よりも自己形成意識が高く，過去を統合している青年よりも低かった。第2節では，過去のとらえ方タイプによって目標意識の特徴を明らかにした。過去にとらわれている青年よりも過去のとらえ方に葛藤している青年，過去に無関心な青年の方が将来に対して希望が高く，さらに，この3群よりも過去に対して肯定的な青年，過去を現在や未来に統合している青年の方が将来に対して希望を持っていた。さらに，過去のとらえ方が不安定な青年は，とらわれている青年よりも将来への希望を持っていたが，統合している青年に比べると持っていなかった。また，過去に無関心な青年，とらわれている青年よりも過去のとらえ方で葛藤している青年，統合している青年の方が将来の目標を持っていた。さらに，過去に無関心な青年よりもとらえ方が不安定な青年の方が将来の目標を持っていた。第3節では，過去のとらえ方タイプによって目標－手段関係の特徴を明らかにした。過去に

無関心なタイプの青年よりも過去を統合している青年の方が目標を多く持っていた。過去のとらえ方が違う青年でも，共通して職業に関する目標が一番重要な目標として多く表出されていた。過去のとらえ方が肯定的なタイプの青年では，目標を達成しようと実行していることやしようと考えていることが比較的具体的であった。

　第6章では，時間的関連性から現在・過去・未来の連関過程を検討した。第1節では，充実感の程度によって時間的関連性に違いがあるかどうかを明らかにした。展望地図に基づく面接調査を行い，面接において現在の充実感が高いと答えた青年と低いと答えた青年では，充実感の高い青年の方が過去と現在をポジティブに関連づけた発話をすることが明らかにされた。第2節では，第3章第2節で作成された時間的関連性尺度を用い，過去と現在の関連性を意味づけることが，現在と未来の関連づけに影響を与え，そして現在と未来を関連づけることが現在の行動に影響を与えている点を明らかにした。過去から現在にかけて変化してきたことをポジティブに意味づけることや，過去から現在まで自分の中に一貫してポジティブな側面があると感じることは，現在から未来に対してより良く変化していきたいという意識を高めていた。自分の中に一貫してネガティブな側面があると感じていることは，現在から未来にかけて変わっていきたいという意識を高めるが，このまま変わらないだろうというネガティブな予測にもつながっていた。さらに，現在から未来にかけてこのままの自分でいたいという希望は，現在における活動を動機づけていた。現在から未来にかけて良い方向に変わっていきたいという思いは，目標に関わる活動を動機づけるが，時間の使い方への評価を低めていた。過去と現在の関連性が，現在と未来の関連性に影響を与え，現在と未来の関連性が現在の行動を動機づけるというモデルを作成し，現在・過去・未来の連関過程の一部を検討したところ，適合度が高くモデルの妥当性が示された。

　第7章では，第4章から第6章まで部分的に検討を行ってきた現在・過去・未来の連関過程を全体としてとらえ，統合する研究を行った。現在・過去・未来の連関過程を明らかにするため，3つの時間を同時にとらえることの出来る技法であり，時間的展望を形成する技法である展望地図法（園田, 2011）と面接法を組み合わせ，短期縦断調査を行うことによって時間的展望の変化を検討し

た。面接時点における自身の過去と現在の関連への意味づけ方の違いによってポジティブなタイプとネガティブなタイプに調査協力者を分類し，タイプによって調査への参加前後で時間的展望の過去・現在・未来の得点に変化があるかどうかを検討した。その結果，関連性がポジティブかネガティブかという語り方の違いよりも，過去・現在・未来について他者が解釈可能なように語るということが，過去に対する受容的な態度を高めている可能性が示唆された。

第2節　成果と討論

　本研究の目的は，青年における時間的展望を現在・過去・未来の3時点をセットとしてとらえ，その連関過程を明らかにすることであった。具体的には，現在の状況によって過去のとらえ方がどのように規定され，過去のとらえ方によって未来への展望がどのように異なるのかを明らかにすることを目的とした。また過去のとらえ方には過去をとらえる意識と，過去と現在の関連を意味づける意識の2つがあるため，これらは分けて検討された。本研究の具体的な検討課題は次の3点であった。

　第1に，青年期における過去の側面を測定するための信頼性と妥当性を持った尺度を開発することであった。具体的には，過去のとらえ方を複数の側面から測定出来る尺度と，過去と現在の関連をどのように意味づけているのかを測定する尺度を開発することであった。また，過去と現在の関連への意味づけに対応するような，現在と未来の関連への意味づけを測定する尺度を開発することも課題とされた。これらの尺度は，信頼性および妥当性が確認された後，以下の検討で用いることを目的として作成された。

　第2に，現在の状況によって過去のとらえ方が規定され，また過去のとらえ方によって未来への展望が異なる点を明らかにすることであった。そのため，このような現在・過去・未来の連関過程をまずは部分的に検討し，知見を積み重ねることが課題とされた。まず現在の状況によって過去のとらえ方がどのように規定されるのかを検討することであった。次に，過去のとらえ方によって未来への展望がどのように異なるのかを明らかにすることであった。そして，過去と現在の関連をどのように意味づけることが，現在と未来の関連の意味づ

けにどのような影響を与えているのか，また現在と未来の関連への意味づけが現在の行動にどのような影響を与えているのかを明らかにすることであった。

第3に，これまで部分的に検討を行ってきた現在・過去・未来の連関過程を全体としてとらえて明らかにするため，過去・現在・未来を同時にとらえることの出来る技法を用い，縦断的方法によって実際に変化を見ていく中で検討することであった。第2の課題までを検討した結果得られる知見を統合する研究に位置づけられた。

以上のような本研究の研究課題に沿って，まず本研究で得られた知見の成果について討論を行う。次に，本研究の知見に基づいて時間的展望における現在・過去・未来の連関過程に関するモデルを提示する。そして最後に，本研究の限界と今後の課題を述べる。

時間的展望における過去の側面を測定する尺度の開発

本研究では，青年期における「過去のとらえ方」と「時間的関連性（過去－現在関連性，現在－未来関連性）」を測定することの出来る妥当性のある尺度を開発した。

従来の時間的展望研究においては，過去の側面は過去受容（白井, 1997）や時間的態度（都筑, 1999）など，一次元的な指標でとらえられてきた。しかし，本研究において先行研究を整理した結果，過去に対する意識は感情・評価的側面だけではなく，様々な側面があることが示された。特に質的調査において，現在時点から過去をとらえ直したり意味づける意識が見出されてきたが，妥当性のある尺度としては構成されてこなかった。また，このような様々な側面を別々にとらえるのではなく同時にとらえていくことで，より複雑な青年の過去のとらえ方を把握することが出来ると考えられた。本研究で青年の過去のとらえ方を複数の側面から測定できる尺度が作成されたことにより，第5章で検討されたような過去のとらえ方タイプを抽出することが可能になった。これまで，過去に対する感情や評価がポジティブかネガティブかという一次元で測定してきた研究に比べて，過去のとらえ方のタイプを見ていくことで，青年がこれまでの人生をどのように見て，またどのようにとらえていこうとしているのかというより主体的な関わりを含む過去のとらえ方を測定できるようになったとい

える。

　過去・現在・未来がどのように関連しているかという時間的関連性に関しては，これまでサークル・テスト（Cottle, 1967）や，クラスタ分析（日潟・齋藤，2007）の結果からその関連を推測してきたものが多かった。過去と現在に対する感情や評価の違いや変化は検討されてきた（McAdams et al., 1997；McAdams et al., 2001；奥田，2008；小野・五十嵐，1988）が，実際に青年がどのように自身の過去と現在を関連づけているのか，また現在と未来を関連づけているのかという内容的側面を測定することは出来ていなかった。近年，これまで先行研究で多く使用されてきたサークル・テストでは質的側面が測定できていない可能性も指摘されており（佐藤ら，2012），本研究において過去と現在の関連をどのように意味づけているのかという側面を測る尺度が作成されたことには研究方法上で大きな意義がある。

　本研究において過去のとらえ方尺度，時間的関連性尺度が開発されたことは，時間的展望研究の発展に寄与するだろう。

未来への展望への道筋としての現在・過去・未来の連関過程

　第4章から第6章で行った研究から，現在の状況によって過去のとらえ方が規定され，過去のとらえ方によって未来への展望が異なる点が明らかにされた。さらに，現在の状況によって過去から現在をどう意味づけるかが規定され，過去から現在までをどう意味づけるかが，現在から未来への意識に影響を与え，さらに現在から未来への意識が行動を動機づけている点が明らかにされた。これらは部分ごとに検討され明らかにされたが，知見を統合すると次のような青年像を考えることが出来る。

　まず，現在の状況を起点とすると2タイプ（タイプ1，タイプ2とする）の青年に分類することが出来る（第4章）。タイプ1の青年は，現在において自分なりに充実した活動を行っている青年や，目標を持っていることで現在の空虚感が高くない青年である。このタイプの青年は，充実した現在に連続するように過去をとらえようとし，過去に向き合うことが出来る（第4章）。また，自分の中で過去から現在にかけて変化してきた部分や変わらない自分を肯定的に評価できる（第6章第1節）。過去を肯定的に，現在や未来と統合するようにとらえ

ることが出来ることで，目標や自己を形成していこうという未来に目を向けることが出来る（第5章，第6章）。タイプ2の青年は，タイプ1の青年とは反対に，現在において充実感を持てる活動が出来ていなかったり，目標を見失い，空虚感を感じている青年である。このタイプの青年は過去をネガティブなものとして見ており，過去に対して後悔していたり拒否するような否定的な態度をとっている（第4章）。また，過去から現在にかけての自分の変化を否定的に評価し，変わってこなかった自分をネガティブに感じている（第6章第1節）。過去をネガティブなものとして見ることや否定的な態度をとることで，目標や自己形成などの目的的な未来への展望を持つことができても，将来への希望といった非目的的な未来への意識を持てない可能性がある（第5章第2節）。未来への展望，特に目標を持ったり自己を形成しようという意識を持ち，この意識が現在の行動を動機づけていても，上述した2タイプの青年では未来への展望を持つ文脈が異なっている（第6章第2節）。水間（2002）は，自己形成意識や自己変容意識にも肯定的な文脈と否定的な文脈があることを示しており，千島（2014）でも，現在の自尊感情と負の関連を持つ変容志向の存在が示されている。これらの研究は，現在，また過去から現在までの自己に満足出来ていないために変わりたいという意識と，これまでの自己に満足しながら，さらに良くなっていきたいという意識の違いを示している。未来への展望が明るいものであっても，その未来への展望が現在，過去と肯定的なつながりを持っているのか，否定的なつながりを持っているのかという点を考慮する必要がある。

　これまでの時間的展望研究は，青年が過去志向，現在志向，未来志向であるのかそうではないのか，また志向性は変化するのかといった，過去か現在か未来かという点を明らかにしてきた（Cottle, 1967；白井, 1997；都筑, 1999）。本研究では，時間的展望を現在を起点として変化していくものとしてとらえ，現在・過去・未来の連関過程を検討してきた。都筑（2007a）では，青年期の時間的志向性は未来志向であり，ある程度安定していることが示され，Mello（2008）でも青年が予期する自分の最終学歴や職業は比較的変わらないことが示されている。しかし，青年が未来志向であることや，持っている目標に変化がないとしても，その背景にある現在・過去・未来の連関は変化している可能性がある。このような現在・過去・未来の連関過程がどのような連関になって

いるのかという点を明らかにしていくことで，青年の時間的展望の質的な変化や発達を検討することが出来る。

　また，現在の状況によって時間的展望が規定されることはこれまで多く指摘されてきた（勝俣,1995；白井,2008a；都筑,1999）。しかし，時間的展望研究において現在の状況を考慮した研究はほとんど見られない。本研究において，現在の生活感情や生活スタイルによって過去のとらえ方が異なっていることが示されたことで，青年の現在の状況に介入できる可能性が示唆された。例えば，青年が過去を肯定的にとらえられず未来を描くことが出来ていないとき，現在に介入することで，現在・過去・未来の連関を変化させることが出来る。そしてその際，現在目標を持てておらず生活に空虚感を感じているのか，それとも何か充実感を持てるような活動に打ち込むことが出来ていないのか，日常の生活スタイルはどうなっているのかといった点を把握することによって，介入の仕方も検討出来るだろう。

現在・過去・未来の連関過程から見た時間的展望の変化

　現在・過去・未来の連関過程を全体としてとらえ，縦断的調査によって時間的展望の変化を検討した結果と，第4章から第6章まで現在・過去・未来の連関過程を部分的に検討し明らかにしてきたことを統合した結果，現在・過去・未来の連関過程がどのように変わっていくのかという点を明らかにできた。

　面接の時点で過去と現在の関連をポジティブに意味づけるか，ネガティブに意味づけるかという意味づけ方のタイプによっては時間的展望の変化に大きな違いは見られなかったものの，タイプごとにその変化の仕方は異なると考えられる。過去と現在の関連をポジティブに意味づける語りを行った青年は，過去から現在まで自分が良い方向に変化してきたことや，過去から現在まで好ましく感じられる自分を持っていることを面接を通して再度自覚し，確認することが出来ると考えられる（第7章）。さらに，インタビュアーという他者に向けて，なぜ自分が変わってきたのか，また，なぜ未来を明るく感じるのか，今後の自分がさらに変わっていくことが出来ると思うのかという点について，理解されるように説明をする必要がある。そのため，説明を通して自分の過去が現在にとってどのような意味を持っているのかに気づき，これからの変化の根拠を感

じることが出来るのではないだろうか。一方で，過去と現在の関連をネガティブに意味づける語りを行った青年は，自分が過去から現在にかけてネガティブに変化したことや，ネガティブなまま変わらないことに気づき，その理由を他者に向けて説明することを通して見つけることが出来ると考えられる（第7章）。さらに，ただ単に「こうなれば良い」と思い描いていた未来に向けて，現在何をすれば変わっていけるのか，という点に関して説明することや，何もしなければ変わらないかもしれない未来を語ることで（第7章），より明確な未来を思い描いていくのではないだろうか。過去と現在をどのように語るのかという点で両者には大きな違いはあるものの，自身の現在につながっている過去，そしてこれから向かっていく未来の因果関係を自分の言葉で他者に向けて表現することは共通している。過去・現在・未来という大きな人生の中で自分の過去を理解することで，過去に向き合おうとする態度が高まることが推測される。溝上（2004）は，「やりたいことや将来の目標にかかわる自己世界を他者に向かって言語表現すること」の重要性を指摘し，そこで語られるものは「時間的展望（time perspective）とも呼べる」とした。本研究で面接法を用いたことによってこのような他者の意義を明らかにし，さらに時間的展望の変化を見ることができた。従来，過去を振り返ることが未来への展望を明確にしたり，意欲を生じさせるという効果が指摘されてきた（Marko & Savickas, 1998；白井, 2001；園田, 2011；山田, 2004b）。しかし，なぜ効果があるのかという点は，過去を振り返ることや過去・現在・未来を可視化したこと，という点に留まっており明確ではなかったといえる。本研究で，展望地図法と面接法を組み合わせた短期縦断調査を行うことを通して，過去を振り返る際にどのような作業を行っているのかを明らかにし，時間的展望の変化を見ることが出来た点は今後の研究方法上，大きな意義がある。

　これまで，時間的展望の構造（勝俣, 1995；都筑, 1999）や生成に関するモデル（白井, 2008a）では，時間的展望における現在・過去・未来の連関過程を部分的にしかとらえることが出来ていなかった。未来への展望が現在の行動を動機づけるという点は，従来から実証的な知見によって示されてきたが，その未来を青年がどのように自身の過去をふまえながら思い描いたのか，また過去をどうとらえるのかという点が変化することによって，全体の構造がどのように

変化していくのかという点は検討されてこなかった。過去や全体の変化をモデルの中に位置づけるには，実証的な知見が不足していたといえる。

青年期の時間的展望における現在・過去・未来の連関過程モデル

　Figure 8-2-1 に示したのは，第3章から第7章を通して得られた知見を統合して考えられた，青年期の時間的展望における現在・過去・未来の連関過程のモデルである。

　モデル図における a) は，現在の状況が過去のとらえ方を規定する側面を示している。例えば，現在において充実感を持てるような活動が出来ていると，過去を充実した現在につながるようにとらえる可能性がある。また，現在において友人との交際を多くすることは，過去のとらえ方を変化させる可能性がある。

　b) は，過去のとらえ方が未来への展望に影響を与える側面を示している。特に，過去をネガティブに認識し，過去に対して向き合おうとしない否定的な態度をとる場合，将来への希望といった非目的的な未来への意識は持てない。一方で，否定的なとらえ方をしていても，同時に受容的な態度や連続的なとらえ方ができている場合には，自己形成意識や目標意識といった目的的意識を持つことができる。

　また，b) はもう一つ，次の流れを示している。過去から現在までの関連性を

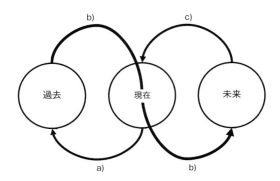

Figure 8-2-1　青年期の時間的展望における現在・過去・未来の連関過程

ポジティブに意味づけた場合，現在から未来への関連性にポジティブな影響を与えるという流れである。さらにb)からc)につながり，c)はポジティブな現在-未来関連性は現在の行動をより強く動機づけるという流れを示している。

以上のような部分を統合すると，時間的展望における現在・過去・未来の連関過程に関して，次のように推測される。

個人は現在という時点を起点として過去・現在・未来を関連づけるという活動を行っている。その活動は現在の状況によって規定され，他者に対して現在・過去・未来を表現することで時間的展望は変化し，明確になる可能性がある。変化は次のように起こる。第1に，現在という時点において過去に対する受容的な態度に変化が起こり，また過去と現在の関連に対する意味づけが変化するとき，未来への展望が変化する。第2に，未来への展望が変化すると現在における行動が変化する。第3に，変化した行動に伴って生じる生活感情や生活スタイルによって過去のとらえ方が規定される。以上のような現在・過去・未来の連関過程を繰り返しながら，時間的展望は変化し，発達していくと考えられる。

本モデルを用いて青年を見ていくことで，青年がどのように自分の人生に関わり形成していこうとしているのかという人生形成における主体的な側面を見ていくことが出来る。このような連関過程を繰り返していく中で，青年は過去から現在，そして現在から未来に向かっていく自己を感じることが出来るのではないだろうか。

本研究の限界と今後の課題

第1に，本研究では，過去のとらえ方が再構成されたことにより未来への展望が変化することが明らかにされた。しかし，この点は本研究で短期的な縦断調査，また29名という少ない対象者で検討された。現在という時点において過去をどのようにとらえていることが未来への展望にどのような影響を与えるのかという点は，短期間の縦断調査だけでは信頼性が低い。今後，長期的なスパンで，青年の過去のとらえ方の変化とともに未来への展望がどのように変化しているのかを明らかにする必要がある。本研究で作成された尺度を用いて縦断的な量的研究をより長期間で実施することで，時間的展望の現在・過去・未

来の連関過程モデルはより充実したものになるだろう。

　第2に，本研究では，インタビュアーという他者に向けて自身の過去・現在・未来を語ることによって，時間的展望の変化，そして連関のあり方を明らかにした。これにより，他者が時間的展望に与える影響も示された。しかし，青年が日常で関わっている他者は，友人であったり，恋人であったり，家族であったりする。山田（2004b）や松下（2008）が過去のとらえ方が変化した要因として他者を見出しているように，本研究で面接調査を行った中でも他者の存在が多く言及されていた。時間的展望は，他者や対人的文脈の中で生み出される（白井，2004）ことや，他者や集団といった要因を組み入れて検討することが研究課題として指摘されている（奥田，2002，2003；白井，2008b；都筑，2007b）。今後このような他者という要因を考慮して時間的展望の変化を見ていくことで，時間的展望が日常の中でどのように変化するのかを明らかに出来る。

　第3に，本研究では，現在を起点として現在・過去・未来という順序で連関過程を検討した。白井（2008a）は「過去をくぐらなくても未来展望はできる」と述べる。青年期における時間的展望が変化，発達していく際に，この順序に基づくモデルでどこまで理解することが出来るのかは，本研究では明らかになっていない。また，発達段階によっては全く異なる順序も考えられるだろう。今後，本研究で提示されたモデルに基づき，様々な発達段階にある人を調査対象者として研究を行うことや，事例研究などを通してモデルの有効性とその限界を明らかにしていく必要があるだろう。

第3節　結　　論

　本研究で得られた知見と成果から，以下のように結論づけられる。

　本研究の目的は青年における時間的展望を現在・過去・未来の3時点をセットとしてとらえ，その連関過程を明らかにすることであった。現在・過去・未来の連関過程は，現在の状況によって過去のとらえ方が規定され，過去のとらえ方が未来への展望に影響を与えると仮定された。

　本研究の課題は次の3点であった。

(1) 青年期における過去の側面を測定するための，信頼性と妥当性を持った尺度を開発する。
(2) 現在の状況によって過去のとらえ方が規定され，また過去のとらえ方によって未来への展望が異なる点を明らかにする。
(3) 現在・過去・未来の連関過程を明らかにするため，現在・過去・未来を同時にとらえることの出来る技法を用い，縦断的方法によって実際に変化を見ていく中で検討する。

上記の目的を明らかにするために，累計1,346人の大学生を対象にして質問紙法，面接法を用いた調査1～13を行い，次のような結果を得た。

(1) 青年期における「過去のとらえ方」と「時間的関連性（過去－現在関連性，現在－未来関連性）」を測定することの出来る尺度を開発し，その信頼性と妥当性を確認した。
(2) 青年の現在の状況によって過去のとらえ方が規定され，過去のとらえ方によって未来への展望が異なる点が明らかにされた。さらに，現在の状況によって過去と現在をどう意味づけるかが規定され，過去から現在までをどう意味づけるかが，現在から未来への意識に影響を与え，さらに現在から未来への意識が現在の行動を動機づけている点が明らかにされた。これらの知見を統合し，未来への展望を持つに至る過程が，青年の現在の状況やそれに基づく過去のとらえ方によって異なることを明らかにした。
(3) 時間的展望における現在・過去・未来の連関過程を，短期縦断的研究を用いて時間的展望の変化を検討する中でとらえ，明らかにした。また，本研究の知見を統合し青年期の時間的展望における現在・過去・未来の連関過程モデルを提示した。これにより，青年の時間的展望がどのように質的に変化し，発達するのかを理解できる点を示した。

全体的な結論として，本研究では，青年期における時間的展望が現在・過去・未来という順序で関連づけられながら構成され，変化していくことを明ら

かにした。そして，研究成果を考察した結果，青年の時間的展望が質的に変化，発達するモデルが得られた。

引用文献

安達喜美子・菅宮正裕（2000）．自己像と自尊感情および自己成長意欲との関連について―理想自己をとらえる際の新たな観点を加えて　茨城大学教育学部紀要（教育科学），*491*，143-155．

安達智子（2004）．大学生のキャリア選択―その心理的背景と支援―　日本労働研究雑誌，*533*，27-37．

安達智子・下村英雄（2013）．キャリア・コンストラクションワークブック―不確かな時代を生き抜くためのキャリア心理学　金子書房

Andretta, J. R., Worell, F. C., Mello, Z. R., Dixson, D. D., & Baik, S. H. (2013). Demographic group differences in adolescents' time attitudes. *Journal of Adolescence, 36*, 289-301.

Boniwell, I., & Zimbardo, P. (2004). Balancing time perspective in pursuit of optimal functioning. In P. A. Linley & S. Joseph (Eds.), *Positive psychology in practice*. Hoboken, NJ: John, Wiley & Sons. pp. 165-179.

千島雄太（2014）．大学生における自己変容に対する志向性の諸側面―人格発達，心理的適応との関連に着目して―　青年心理学研究，*25*，85-103．

Cottle, T. J. (1967). The circles test: An investigation of perceptions of temporal relatedness and dominance. *Journal of Projective Techniques and Personality Assessment, 31*, 58-71.

Erikson, E. H. (1963). *Childhood and socity*. 2nd ed. New York: W. W. Norton.（エリクソン，E. H. 仁科弥生（訳）（1977/1980）．幼児期と社会Ⅰ・Ⅱ　みすず書房）

Frank, L. K. (1939). Time perspectives. *Journal of Social Philosophy, 4*, 293-312.

Goldrich, J. M. (1967). A study in time orientation: The relation between memory for past experience and orientation to the future. *Journal of Personality and Social Psychology, 6*, 216-221.

半澤礼之（2013）．過去や未来を眺めること：時間的展望　安達智子・下村英雄（編）　キャリア・コンストラクションワークブック―不確かな時代を生き抜くためのキャリア心理学　金子書房　pp.67-75.

半澤礼之・坂井敬子（2005）．大学生における学業と職業の接続に対する意識と大学適応―自己不一致理論の観点から―　進路指導研究，*23*，1-9．

原田一郎（2002）．高齢者の時間的態度の特徴についての一考察―青年との比較から―　名古屋大学大学院教育発達科学研究科紀要（心理発達科学），*49*，93-104．

Havighurst, R. J. (1953). *Human development and education*. New York: Longmans, Green.（ハヴィガースト，R. J. 荘司雅子（監訳）（1995）．人間の発達課題と教育　玉川大学出版部）

速水敏彦・陳　恵貞（1993）．動機づけ機能としての自伝的記憶―感動体験の分析から―　名古屋大學教育學部紀要（心理学），*40*，89-98．

速水敏彦・高村和代・陳　恵貞・浦上昌則（1996）．教師から受けた感動体験　名古屋大學教育學部紀要（心理学），*43*，51-63．

日潟淳子（2008）．高校生と大学生におけるサークル・テストによる時間的展望の検討―時間的態度と精神的健康との関連から―　神戸大学大学院人間発達環境学研究科研究紀要，*1*，11-16．

日潟淳子・齊藤誠一（2007）．青年期における時間的展望と出来事想起および精神的健康との関連

発達心理学研究, *18*, 109-119.
平石賢二 (1990). 青年期における自己意識の発達に関する研究 (I)：自己肯定性次元と自己安定性次元の検討　名古屋大學教育學部紀要（教育心理学科）, *37*, 217-234.
Husman, J., & Lens W. (1999). The role of the future in student motivation. *Educational Psychologist*, *34*, 113-125.
Husman, J., & Shell, D. F. (2008). Beliefs and perceptions about the future: A measurement of future time perspective. *Learning and Individual Differences*, *18*, 166-175.
石川茜恵 (2012). 青年期における過去評価の規定要因―時間的展望の枠組みでとらえる過去―　中央大学大学院研究年報（文学研究科篇）, *41*, 151-165.
伊藤　拓・上里一郎 (2002). ネガティブな反すうとうつ状態の関連性についての予測的研究　カウンセリング研究, *35*, 40-46.
梶田叡一 (1988). 自己意識の心理学（第2版）　東京大学出版会
鎌原雅彦・樋口一辰・清水直治 (1982). Locus of Control 尺度の作成と，信頼性，妥当性の検討　教育心理学研究, *30*, 302-307.
笠原　嘉 (1977). 青年期―精神病理学から―　中央公論社
勝俣瑛史 (1995). 時間的展望の概念と構造　熊本大学教育学部紀要（人文科学）, *44*, 307-318.
川喜田二郎 (1967). 発想法―創造性開発のために　中央公論社
経済産業省 (2006). 社会人基礎力に関する研究会―「中間取りまとめ」―
久木山健一 (2005). 青年期の社会的スキル改善意欲に関する検討　発達心理学研究, *16*, 59-71.
京都大学・電通育英会共同 (2013).「大学生のキャリア意識調査2013」
Lens, W., & De Volder, M. L. (1982). Academic achievement and future time perspective as a cognitive-motivational concept. *Journal of Personality and Social Psychology*, *42*, 566-571.
Lewin, K. (1951). *Field theory in social science: Selected theoretical papers.* New York: Harper & Brothers.（レヴィン, K. 猪股佐登留（訳）(1979). 社会科学における場の理論（増補版）　誠信書房）
Marko, K. W., & Savickas, M. L. (1998). Effectiveness of a career time perspective intervention. *Journal of Vocational Behavior*, *52*, 106-119.
Markus, H., & Nurius, P. (1986). Possible selves. *American Psychologist*, *41*, 954-969.
松下智子 (2005). ネガティブな経験の意味づけ方と開示抵抗感に関する研究　心理学研究, *76*, 480-485.
松下智子 (2007). ネガティブな経験の意味づけ方と自己感情の関連―ナラティブ・アプローチの視点から―心理臨床学研究, *25*, 206-216.
松下智子 (2008). ネガティブな経験の意味づけ方の変化過程―肯定的な意味づけに注目して―　九州大学心理学研究, *9*, 101-110.
McAdams, D. P., Diamond, A., de St. Aubin, E., & Mansfield, E. (1997). Stories of commitment: The psychosocial construction of generative lives. *Journal of Personality and Social Psychology*, *72*, 678-694.
McAdams, D. P., Reynolds, J., Lewis, M., Patten, A. H., & Bowman, P. J. (2001). When bad things turn good and good things turn bad: Sequences of redemption and contamination in life narrative and their relation to psychosocial adaptation in midlife adults and in students. *Personality and Social Psychology Bulletin*, *27*, 474-485.
Mello, Z. R. (2008). Gender variation in developmental trajectories of educational and occupational expectations and attainment from adolescence to adulthood. *Developmental Psychology*, *44*, 1069-1080.

Mello, Z. R., Worrell, F. C., & Andretta, J. R. (2009). Variation in how frequently adolescents think about the past, the present, and the future in relation to academic achievement. *Research on Child and Adolescent Development, 2,* 173-183.
水間玲子（2002）．自己形成意識の構造について―これまでの研究のまとめと下位概念間の関係の検討― 奈良女子大学文学部研究年報, *46,* 131-146.
溝上慎一（1999）．自己の基礎理論―実証的心理学のパラダイム― 金子書房
溝上慎一（2004）．現代大学生論―ユニバーシティ・ブルーの風邪に揺れる― 日本放送出版協会
溝上慎一（2008）．自己形成の心理学―他者の森をかけ抜けて自己になる― 世界思想社
溝上慎一（2009）．「大学生活の過ごし方」から見た学生の学びと成長の検討―正課・正課外のバランスのとれた活動が高い成長を示す― 京都大学高等教育研究, *15,* 107-118.
溝上慎一（2010）．現代青年期の心理学―適応から自己形成の時代へ― 有斐閣
溝上慎一（2011）．自己形成を促進させる自己形成モードの研究 青年心理学研究, *23,* 159-173.
文部科学省（2008）．「学士課程教育の構築に向けて（答申）」 中央教育審議会
内閣府（2009）．「第 8 回世界青年意識調査」
内閣府（2014）．「平成 25 年度我が国と諸外国の若者の意識に関する調査」
中間玲子（2007）．自己形成の心理学 風間書房
日本私立大学連盟学生委員会（2011）．「学生生活白書 2011」
野村信威・橋本 宰（2001）．老年期における回想の質と適応との関連 発達心理学研究, *12,* 75-86.
Nurmi, J. E. (1991). How do adolescents see their future? A review of the development of future orientation and planning. *Developmental Review, 11,* 1-59.
Nuttin, J., & Lens, W. (1985). *Future time perspective and motivation. Theory and research method.* Leuven: Leuven University Press.
大橋靖史・佐藤健二（1994）．青年期における将来の転機の研究：将来の転機と自我同一性地位との関係について 早稲田大学人間科学研究, *7,* 143-152.
大橋靖史・篠崎信之（1992）．青年におけるこれからの人生設計に関する研究：将来の転換点の分析を中心とした 早稲田大学人間科学研究, *5,* 81-95.
大石郁美・岡本祐子（2010）．青年期における挫折経験過程と希望の関連 広島大学心理学研究, *10,* 257-272.
奥田雄一郎（2002）．時間的展望研究における課題とその可能性―近年の実証的，理論的研究のレヴューにもとづいて― 大学院研究年報（文学研究科篇：中央大学）, *31,* 333-346.
奥田雄一郎（2003）．時間的展望は人間の過去に対していかにアプローチするか―記憶研究との対比から― 大学院研究年報（文学研究科篇：中央大学）, *32,* 167-179.
奥田雄一郎（2004）．大学生の語りからみた職業選択時の時間的展望―青年期の進路選択過程における時間的展望の縦断研究― 大学院研究年報（文学研究科篇：中央大学）, *33,* 167-180.
奥田雄一郎（2008）．大学生の時間的展望の構造に関する研究―過去・現在・未来の満足度の相対的関係に着目して―共愛学園前橋国際大学論集, *8,* 13-22.
奥田雄一郎（2009）．大学生の未来展望の情報ソースについての予備的検討―大学生はどんな情報をもとに未来の展望を抱くのか？― 共愛学園前橋国際大学論集, *9,* 137-146.
小野直広・五十嵐敦（1988）．青年期の時間的展望― TP ― SCT による考察― 福島大学教育学部論集, *44,* 1-13.
長田由紀子・長田久雄（1994）．高齢者の回想と適応に関する研究 発達心理学研究, *5,* 1-10.
小田部貴子（2011）．「傷つき体験」による心理的影響プロセスの解明――「状況依存的記憶」と「言語的記憶」を媒介したプロセスモデルの検討 パーソナリティ研究, *20,* 127-137.

小田部貴子・加藤和生・丸野俊一 (2009). 「傷つき体験」の内実とその心理的影響の解明 青年心理学研究, 21, 17-29.
尾崎仁美 (1999). 青年の将来展望研究に関する一考察—将来次元の重要性を考慮する意義 大阪大学教育学年報, 4, 87-100.
尾崎仁美・上野淳子 (2001). 過去の成功・失敗経験が現在や未来に及ぼす影響—成功・失敗経験の多様な意味 大阪大学大学院人間科学研究科紀要, 27, 63-87.
小沢一仁 (2002). 学び支援の自己理解教育実践「大学生の心理学」を居場所及びアイデンティティの視点から捉える 京都大学高等教育研究, 8, 59-74.
Ross, M., & Wilson, A. E. (2000). Constructing and appraising past selves. In D. L. Schacter & E. Scarry (Eds.), *Memory, brain, and belief*. Cambridge, MA: Harvard University Press. pp. 231-258.
労働政策研究・研修機構 (2006). 「大学生の就職・募集採用活動等実態調査Ⅱ」—「大学就職部／キャリアセンター調査」及び「大学生のキャリア展望と就職活動に関する実態調査」—
佐藤浩一 (2000). 思い出の中の教師—自伝的記憶の機能分析— 群馬大学教育学部紀要（人文・社会科学編）, 49, 357-378.
佐藤裕樹・岡本祐子・杉村和美 (2012). 時間的連関性と時間的展望体験が抑うつに及ぼす影響 広島大学心理学研究, 12, 61-70.
下島裕美・佐藤浩一・越智啓太 (2012). 日本版 Zimbardo Time Perspective Inventory (ZTPI) の因子構造の検討 パーソナリティ研究, 21, 74-83.
下村英雄・白井利明・川崎友嗣・若松養亮・安達智子 (2007). フリーターのキャリア自立：時間的展望の視点によるキャリア発達理論の再構築に向けて 青年心理学研究, 19, 1-19.
下仲順子 (1980). 青年群との対比における老人の自己概念：世代差，性差を中心として 教育心理学研究, 28, 303-309.
白井利明 (1989). 現代青年の時間的展望の構造 (2) ―サークル・テストとライン・テストの結果から― 大阪教育大学紀要（第Ⅳ部門）, 38, 183-196.
白井利明 (1994). 時間的展望体験尺度の作成に関する研究 心理学研究, 65, 54-60.
白井利明 (1996). 日本の女子青年の時間知覚における Cottle の仮説の検討—サークル・テストとライン・テストの結果から— 大阪教育大学紀要（第Ⅳ部門）, 44, 209-218.
白井利明 (1997). 時間的展望の生涯発達心理学 勁草書房
白井利明 (2001). 青年の進路選択に及ぼす回想の効果：変容確認法の開発に関する研究（Ⅰ）大阪教育大学紀要（第Ⅳ部門）, 49, 133-157.
白井利明 (2003). 大人へのなり方—青年心理学の視点から 新日本出版社
白井利明 (2004). 時間的展望とアイデンティティにおける家族成員間の関連—青年期後期の子どもとその親である中年夫婦を対象にして— 大阪教育大学紀要（第Ⅳ部門）, 52, 241-251.
白井利明 (2008a). 時間的展望と自伝的記憶 佐藤浩一・越智啓太・下島裕美（編） 自伝的記憶の心理学 北大路書房 pp.138-148.
白井利明 (2008b). 自己と時間：時間はなぜ流れるのか 心理学評論, 51, 64-75.
白井利明 (2010). 過去をくぐって未来を構想しキャリア形成を促す回想展望法の開発と活用：心理検査との併用と世代間継承の考察 大阪教育大学紀要（第Ⅳ部門）, 59, 97-113.
園田直子 (2003). 大学生の進路決定と現在指向 久留米大学心理学研究, 2, 63-70.
園田直子 (2011). 時間的展望を形成する方法としての「展望地図法」の開発とその効果の検討 久留米大学心理学研究, 10, 22-30.
園田直子・森川美希 (2005). Sense of Coherence からみた大学生の自己概念 久留米大学心理学研究, 4, 35-42.

杉浦　健（2001）．生涯発達における転機の語りの役割について　近畿大学教育論叢, 12, 1-29.
杉浦　健（2008）．循環運動から立ち現れる自己―自己の動的循環プロセスモデル―　近畿大学教育論叢, 19, 63-79.
杉山　成（1994）．時間次元における諸自己像の関連性と自我同一性レヴェル　教育心理学研究, 42, 209-215.
杉山　成・神田信彦（1991）．時間的展望に関する研究（1）―非行少年の時間的展望について―　立教大学心理学科研究年報, 34, 63-69.
杉山　成・神田信彦（1996）．青年期における一般的統制感と時間的展望―アパシー傾向との関連性―　教育心理学研究, 44, 418-424.
武井優子・嶋田洋徳・鈴木伸一（2011）．喪失体験からの回復過程における認知と対処行動の変化　カウンセリング研究, 44, 50-59.
宅　香菜子（2005）．ストレスに起因する自己成長感が生じるメカニズムの検討―ストレスに対する意味の付与に着目して―　心理臨床学研究, 23, 161-172.
谷　冬彦（2001）．日本語における時間表現と過去展望　神戸大学発達科学部研究紀要, 8, 41-52.
飛永佳代（2007）．思春期・青年期における未来展望の様相の発達的検討―「希望」と「展望」という視点から　九州大学心理学研究, 8, 165-173.
戸梶亜紀彦（2004）．『感動』体験の効果について―人が変化するメカニズム―　広島大学マネジメント研究, 4, 27-37.
都筑　学（1982）．時間的展望に関する文献的研究　教育心理学研究, 30, 73-86.
都筑　学（1993）．大学生における自我同一性と時間的展望　教育心理学研究, 41, 40-48.
都筑　学（1999）．大学生の時間的展望―構造モデルの心理学的検討―　中央大学出版部
都筑　学（2007a）．大学生の進路選択と時間的展望―縦断的調査にもとづく検討―　ナカニシヤ出版
都筑　学（2007b）．時間的展望研究へのいざない　都筑　学・白井利明（編）　時間的展望研究ガイドブック　ナカニシヤ出版　pp.1-10.
都筑　学・白井利明（編）（2007）．時間的展望研究ガイドブック　ナカニシヤ出版
内田圭子（1990）．青年の生活感情に関する一研究　教育心理学研究, 38, 117-125.
Worrell, F. C., Mello, Z. R., & Buhl, M. (2012). Introducing English and German versions of the Adolescent Time Attitude Scale (ATAS). *Assessment*. Advance online publication.
Weinstein, N., Deci, E. L., & Ryan, R. M. (2011). Motivational determinants of integrating positive and negative past identities. *Journal of Personality and Social Psychology, 100*, 527-544.
山田剛史（2004a）．現代大学生における自己形成とアイデンティティ―日常的活動とその文脈の観点から―　教育心理学研究, 52, 402-413.
山田剛史（2004b）．過去―現在―未来に見られる青年の自己形成と可視化によるリフレクション効果―ライフヒストリーグラフによる青年理解の試み―　青年心理学研究, 16, 15-35.
山田剛史（2004c）．理想自己の観点から見た大学生の自己形成に関する研究　パーソナリティ研究, 12, 59-72.
横井優子・川本恵津子（2008）．過去への態度から自己をとらえる　岡田　努・榎本博明（編）　自己心理学5　パーソナリティ心理学へのアプローチ　金子書房　pp.26-47.
Zhang, J. W., Howell, R. T., & Stolarski, M. (2013). Comparing three methods to measure a balanced time perspective: The relationship between a balanced time perspective and subjective well-being. *Journal of Happiness Studies, 14*, 169-184.
Zimbardo, P. G., & Boyd, J. N. (1999). Putting time in perspective: A valid, reliable individual-differences metric. *Journal of Personality and Social Psychology, 77*, 1271-1288.

謝　　辞

　本書は，2015年3月に中央大学大学院文学研究科から博士（心理学）を授与された博士論文（文博甲第99号）を一部加筆修正したものです。博士論文の執筆に当たっては，たくさんの方々のご指導とご協力をいただきました。

　まず指導教授である都筑学先生（中央大学）には，学部生の頃から9年間，とても丁寧にご指導いただきました。都筑先生が伝えて下さった言葉は多くありますが，その中でも特に「インプットなくしてアウトプットなし」「片手に理論，片手に実践」の2つが心に残っています。博士論文執筆中もそうでしたが，今でも自分の考えや意見が出てこないときには，「インプットが足りない」と気づくことが多く，それにより自分が今やるべきことを整理できているように思います。また，自身が提案した時間的展望のモデルについては，実際の青年の姿からかけ離れたモデルになっていないか，常に青年と向き合い関わり続ける意識を持たせてくれています。今後も研究者として大切にしていきたい言葉です。都筑先生は，いつでも私以上に私の言いたいことを理解して下さっていたように思います。しかしそれを直接伝えるのではなく，自分で気づくことができるようにご指導いただいていたのだと思います。それによって大きく迷うことなく，博士論文までたどり着くことが出来ました。心より感謝申し上げます。

　ご多忙の中，博士論文の審査をお引き受けいただき，コメントを下さった白井利明先生（大阪大学），山科満先生（中央大学）にも心より感謝申し上げます。

　また，大学院で一緒だった院生の皆様にはゼミでの発表や日々の交流の中で多くの助言や刺激をいただきました。特に，同期の峰尾菜生子さん，小林恵さんとは休憩や食事の際に多くの話をし，その時間が研究をする上でも私生活の上でも力になっていました。2人と同期であることを嬉しく思っています。後輩の永井暁行さんには大変読みづらい段階であった執筆途中の博士論文を読んでいただきました。先輩方はこれから研究者としてどう生きていくのか，常に指針となる姿を示してくれました。今思えば，大学院での生活はとても濃く充

実した日々でした。一緒に過ごして下さった皆様に心より感謝申し上げます。

　執筆中，常に応援し支えてくれた家族・友人にも感謝しております。研究を続けるかどうか悩んだとき，家族や友人が「研究者に向いてないのだから，いつでもやめたらいい」と言ってくれたことが，私にとっては研究を続ける力になっていました。温かく見守っていただき本当にありがとうございました。

　大学院に在学中，国際時間的展望学会が開催されたことは私にとって大きな出来事でした。時間的展望研究に取り組まれてきた先生方とお会いし，お話しする中で，先生方が時間的展望研究の発展を心から願い，みんなで一つのものを様々な角度から明らかにしようとしているように感じました。時間的展望研究の魅力は，テーマの面白さはもちろん，このような人のつながりからも生まれているのだと思います。このような研究テーマに出会えたことは私の人生の中で大きな出来事です。私が学部 2 年生の時，都筑先生はベルギーにおられ，まだお会いしたことがありませんでした。そのような中で行われたゼミ決めのとき，先輩に都筑ゼミを勧められたことがきっかけで都筑先生のゼミを希望しました。一度は他のゼミに所属が決まりましたが，どうしても都筑先生のゼミに入りたいと思いゼミ変更をお願いしました。今思えば先輩に勧められただけで，お会いしたこともないのになぜだろうと思います。しかし，あの時ゼミを変更しなければ，都筑先生，そして時間的展望研究には出会えませんでした。時間的展望をテーマに博士論文を執筆できたことをとても幸せに思います。

　最後に，調査協力者の皆様，関わって下さった方全員に，心から御礼申し上げます。

　本研究が，調査に協力して下さった皆様を始め，時間的展望研究の発展に貢献できることを願っております。

　本書は平成 30 年度科学研究費補助金（研究成果公開促進費）の交付を受けて刊行されることとなりました。本書の刊行にあたり，ナカニシヤ出版の山本あかね様には大変お世話になりました。先生方の著書の中でいつもお名前を目にしていた山本様と，自分が単著の刊行でご一緒出来る日が迎えられたことをとても嬉しく思います。ここに感謝申し上げます。

2018 年 12 月

付録　質問紙項目

1. WHY答法（溝上，1999）を用いた「過去評価」とその規定要因に関する調査
2. 過去のとらえ方に関する自由記述調査
3. 過去のとらえ方尺度
4. 時間的関連性尺度（過去－現在関連性尺度）
5. 時間的関連性尺度（現在－未来関連性尺度）

1. WHY 答法（溝上，1999）を用いた「過去評価」とその規定要因に関する調査

1. 以下の文を読んで，"はい／そう思います" または "いいえ／そう思いません" の，当てはまる方に〇をつけて下さい。

    私は，「自分の過去」を肯定的にとらえています。
    （　　　　）はい／そう思います
    （　　　　）いいえ／そう思いません

2. 1で答えた回答について，お聞きします。

    あなたは，どうして「はい／そう思います」または「いいえ／そう思いません」と答えたのでしょうか？以下の問いに続けて，その理由を思いつく限り答えて下さい。以下に，<u>3個以上</u>，書くようにしてください。

    1. それはなぜですか。

    2. それはなぜですか。

    3. それはなぜですか。

    4. それはなぜですか。

    5. それはなぜですか。

2. 過去のとらえ方に関する自由記述調査

あなたの過去のとらえ方について，お聞きします。これまでの人生において，あなたは良い出来事も，悪い出来事も含めて，いろいろな出来事を経験してきたと思います。あなたが，自分の過去の出来事をどのようにとらえているのか，過去に対してどのような態度をとっているのか，教えてください。以下にあなたの思うように，自由に記入してください。

3. 過去のとらえ方尺度

あなたが，自分の過去についてどのようにとらえているのか，お聞きします。以下の文章を読んで，あなたの考えにもっとも当てはまると思う番号に○をつけて下さい。以下，質問文に出てくる「過去」は，あなた自身の過去のことです。

1＝全くあてはまらない，2＝あまりあてはまらない，3＝どちらでもない，4＝ややあてはまる，5＝とてもあてはまる

1. 過去のマイナスな出来事は，自分の糧になった
2. 過去に対して，後悔をしていることが多い
3. 過去の出来事全てに，意味があると思っている
4. マイナスな出来事ばかり覚えている
5. 過去のマイナスな出来事があっての，今の自分だと思う
6. 過去のことはあまり思い出したくない
7. 過去をふり返ることは大切なことであると思う
8. 過去の自分が嫌いである
9. 過去のマイナスな出来事は，教訓としてこれからに活かそうと思う
10. これまでの自分に後悔している
11. マイナスな出来事は，忘れてしまうことが多い
12. 自分の過去は明るい思い出が多い
13. 過去の出来事は，これからにつながると思う
14. 過去を引きずっている
15. マイナスな出来事は，忘れるようにしている
16. 嫌だった出来事が忘れられない
17. 過去を教訓にしている
18. マイナスな出来事は，思い出したくない
19. 過去のことはあまり覚えていない
20. 過去に後悔はしていない
21. 過去は，自分を成長させてくれた
22. 過去に向き合うようにしている
23. 「過去は過去」と，わりきっている
24. 思い出したくない過去がある
25. 過去の良い出来事は，良い経験だと思う
26. 過去の過ちを忘れないようにしている
27. 自分の過去は暗い思い出が多い
28. 過去のマイナスな出来事は，学べることが多い
29. 過去の悪い出来事を，受け止めている
30. 過去は否定的なイメージである
31. 過去の悪い出来事でも，今では良く思えることがある

32. 過去を忘れないようにしている
33. 「過去」という言葉を聞くと，明るい過去より暗い過去が先に浮かぶ
34. 過去の出来事から学んでいる
35. 自分の過去はマイナスな出来事ばかりだった
36. 過去の出来事に感謝している

4. 時間的関連性尺度（過去‐現在関連性尺度）

あなたが，過去から現在にかけての自分や，起こってきた出来事について，どのように感じているか，お聞きします。以下の文章を読んで，もっとも当てはまると思う番号に○をつけて下さい。

1＝そう思わない，2＝ややそう思わない，3＝どちらでもない，4＝ややそう思う，5＝そう思う

1. 過去から現在にかけて変わったことで，良かったと思う面がある
2. 過去から現在にかけて，自分にとって変わらずに好きなことがある
3. 過去の出来事のせいで，自分は変わってしまったと思う
4. 自分には，過去から現在にかけて，変わらない嫌なところがある
5. 自分には，過去から現在にかけて，良くなったところがある
6. 過去から現在にかけて，自分の中で好きなところがある
7. 過去から現在にかけて変わったことで，嫌だと感じる面がある
8. 自分には，過去から現在にかけて，変わらないダメなところがある
9. 過去の出来事のおかげで，良い方向に変わることができたと思う
10. 過去から現在にかけて，自分らしくていいと思うところがある
11. 過去から現在にかけて変わったことで，良くないと思う面がある
12. 自分には，過去から現在にかけて，変わって欲しいのに変わらないところがある
13. 過去の出来事のおかげで，良くなったところがある
14. 過去から現在にかけて，自分の中で大切だと思う面がある
15. 過去の出来事のせいで，自分の性格がネガティブな方向に変わってしまったと思う
16. 過去から現在にかけて変わったことで，満足している面がある

5. 時間的関連性尺度（現在 - 未来関連性尺度）

あなたが，現在から未来にかけての自分や変化について，どのように感じているか，お聞きします。以下の文章を読んで，もっとも当てはまると思う番号に○をつけて下さい。

1＝そう思わない，2＝ややそう思わない，3＝どちらでもない，4＝ややそう思う，5＝そう思う

1. 今から未来に向けて，良くなれるように頑張りたい
2. 今もこれからも，自分らしくあり続けたい
3. 今から未来にかけて，自分の中でダメだと思う面は，変わらないと思う
4. 今から未来に向けて，成長していきたいと思う
5. 今もこれからも，自分の中で変わらないだろうと思う良い面がある
6. 自分のダメなところは，未来でもそれほど今と変わらないと思う
7. 現在の生活でダメなところを改善して，自分の未来を良くしたい
8. 今もこれからも，自分なりに大事だと思う生き方の指針がある
9. 今から未来にかけて，自分の嫌なところはなくならないと思う
10. 今から未来にかけて，自分が変わる必要があるときには，積極的に関わりたい
11. 今もこれからも，好きであり続けるだろうと思うことがある
12. 今から未来にかけて，今のままではダメだと思うところがある

人名索引

A
安達喜美子　4
安達智子　4, 5, 11, 35
上里一郎　19
Andretta, J. R.　5, 10, 22
Aubin, E.　17

B
Baik, S. H.　10
Boniwell, I.　30
Bowman, P. J.　17
Boyd, J. N.　5, 14, 19, 22, 45, 54, 57
Buhl, M.　10

C
陳　恵貞　23
千島雄太　11, 122, 153
Cottle, T. J.　4, 5, 7, 8, 16, 21, 28, 45, 68, 152, 153

D
De Volder, M. L.　4, 12
Deci, E. L.　14
Diamond, A.　17
Dixson, D. D.　10

E
Erikson, E. H.　1

F
Frank, L. K.　26

G
Goldrich, J. M.　5

H
半澤礼之　4, 5, 13, 14
原田一郎　9

橋本　宰　15
Havighurst, R. J.　1
速水敏彦　23
日潟淳子　5, 8, 16, 18, 19, 22, 23, 56, 90, 110, 152
樋口一辰　64
平石賢二　28, 78
Howell, R. T.　30
Husman, J.　9, 12

I
五十嵐　敦　4, 17, 28, 29, 68, 152
石川茜恵　42
伊藤　拓　19

K
梶田叡一　86
鎌原雅彦　64
神田信彦　14, 16, 19, 56
笠原　嘉　2
加藤和生　17
勝俣暎史　4, 5, 31, 154, 155
川喜田二郎　43
川本恵津子　5, 15, 23
川崎友嗣　4, 35
久木山健一　4, 12, 13

L
Lens, W.　4, 12, 14
Lewin, K.　3
Lewis, M.　17

M
Mansfield, E.　17
Marko, Z. R.　5, 145, 155
Markus, H.　4
丸野俊一　17

松下智子　16, 22, 25, 45, 83, 145, 158
McAdams, D. P.　17, 61, 91, 114, 115, 152
Mello, Z. R.　4, 5, 10, 12, 153
溝上慎一　2-4, 11-13, 26, 28, 35, 42, 76, 80, 145, 155, 171
水間玲子　12, 122, 153
森川美希　21, 28

N
中間玲子　86
野村信威　15
Nurius, P.　4
Nurmi, J. E.　4
Nuttin, J.　14

O
越智啓太　22
小田部貴子　17, 19, 61
岡本祐子　19, 24, 25, 30, 56
奥田雄一郎　5, 17, 21, 29, 68, 152, 158
小野直広　4, 17, 28, 29, 68, 152
大橋靖史　4, 10
大石郁美　19, 24, 25, 56
長田久雄　5
長田由紀子　5
尾崎仁美　4, 5, 18, 78, 91
小沢一仁　17, 61, 79

P
Patten, A. H.　17

R
Reynolds, J.　17
Ross, M.　26, 75, 78, 116
Ryan, R. M.　14

S
齊藤誠一　5, 16, 18, 19, 22, 23, 56, 90, 110, 152
坂井敬子　4, 14
佐藤健二　4
佐藤浩一　21, 22
佐藤裕樹　30, 152
Savickas, M. L.　5, 145, 155
Shell, D. F.　9
嶋田洋徳　18
下島裕美　22
下村英雄　4, 5, 35
篠崎信之　4, 10
白井利明　2, 4, 5, 8, 9, 13, 14, 16, 19, 20, 23-28, 30, 32, 35, 43, 45, 53, 55, 56, 64, 74, 91, 145, 151, 153-155, 158
清水直治　64

下仲順子　9
杉村和美　30
園田直子　20, 21, 24, 25, 27, 28, 30, 37, 45, 58, 60, 76, 114, 125, 126, 145, 146, 149, 155
Stolarski, M.　30
菅宮正裕　4
杉浦健　16, 26, 45, 61, 91, 145
杉山成　14-16, 19, 56, 64
鈴木伸一　18

T
高村和代　23
武井優子　18, 23, 25
宅香菜子　16, 18, 45
谷冬彦　15, 16, 19, 22
飛永佳代　22
戸梶亜紀彦　23
都筑学　4, 8-10, 14, 22, 26, 28, 30, 31, 35, 45, 49, 57, 65, 77, 90, 92, 97, 98, 110, 111, 126, 151, 153-155, 158

U
内田圭子　27, 75, 78
上野淳子　5, 18, 78, 91
浦上昌則　23

W
若松養亮　4, 35
Weinstein, N.　14, 16, 19, 56
Wilson, A. E.　26, 75, 78, 116
Worrell, F. C.　5, 10, 14, 19

Y
山田剛史　11, 12, 16-18, 20, 21, 24, 25, 29, 45, 83, 117, 145, 146, 155, 158
横井優子　5, 15, 23

Z
Zhang, J. W.　30
Zimbardo, P. G.　5, 14, 19, 22, 30, 45, 54, 57

事項索引

あ
因子構造の妥当性　52, 66
因子分析　49, 66
SD法　48

か
回想　20, 25
　──展望法　20
確認的因子分析　51, 66
過去
　──・現在・未来の連関過程　28, 149
　───現在関連性尺度　71
　──受容　43
　──と現在の関連　18
　──のとらえ方　14, 18, 36, 41, 151
　──尺度　41, 71, 147, 152
　──タイプ　85, 148
　──の特徴と構造　54
　──への態度　44, 49
　──への認識　44, 50
語り方　127
感情・評価的側面　45, 48
基礎的認知の能力　30
キャリア形成支援　5

空虚感　27, 37, 73, 76, 148
計画性　65
現在の状況　26
現在の生活感情　147
現在-未来関連性尺度　71
肯定性の文脈　122

さ
サークル・テスト　5, 7, 8, 28
時間
　──管理　65
　──的関連性　36, 41, 57, 149, 151

「──（過去-現在関連性, 現在-未来関連性）」尺度　147, 151
　──的展望　4
　──の変化　128, 149
　──のモデル　28
　青年期の──における現在, 過去, 未来の連関過程モデル　156
　──の使い方に対する評価　117
自己形成意識　10, 148
　──尺度　86
自己統制感　64
自己変容意識　11
自由記述　43
　──法　41
充実感　27, 37, 73, 147
収束的妥当性　52
主成分分析　49
受容的態度　50
将来への希望　92, 95
将来目標の有無　92, 95
事例の検討　132

信頼性　41

た
大学生活の過ごし方　13, 37, 73, 80, 147
　──のタイプ　79, 81, 148
他者　25, 146
妥当性　41
短期縦断調査　125, 149
展望地図　149
　──法　21, 58, 125, 126, 149

な
日常的自己形成活動に関する項目　117

は
半構造化面接　126
非階層的クラスタ分析　87
否定性の文脈　122
否定的態度　50
否定的認識　51
弁別的妥当性　52

ま
未来志向　5, 7
未来への展望　14, 150
未来への見通し　1
面接調査　58, 126
面接法　149
目的意識尺度　92
目標カテゴリー　98
目標-手段関係の特徴　96, 148

や
欲求・動機的側面　45

ら
ライフヒストリーグラフ　21
連続的なとらえ　44, 49

わ
WHY答法　42
わりきり態度　50

著者紹介
石川茜恵（いしかわ・あかね）
立正大学社会福祉学部助教。博士（心理学）。主著に、『ノードとしての青年期』（分担執筆，ナカニシヤ出版，2018），『レクチャー青年心理学』（分担執筆，風間書房，2017）など。

青年期の時間的展望
現在を起点とした過去のとらえ方から見た未来への展望

2019 年 2 月 20 日　初版第 1 刷発行　（定価はカヴァーに表示してあります）

　　　　著　者　石川茜恵
　　　　発行者　中西　良
　　　　発行所　株式会社ナカニシヤ出版
　　　〒606-8161　京都市左京区一乗寺木ノ本町 15 番地
　　　　　　　　Telephone　075-723-0111
　　　　　　　　Facsimile　075-723-0095
　　　　　　Website　http://www.nakanishiya.co.jp/
　　　　　　　Email　iihon-ippai@nakanishiya.co.jp
　　　　　　　　郵便振替　01030-0-13128

装幀＝白沢　正／印刷・製本＝亜細亜印刷株式会社
Copyright © 2019 by A. Ishikawa
Printed in Japan.
ISBN978-4-7795-1352-7

本書のコピー，スキャン，デジタル化等の無断複製は著作権法上での例外を除き禁じられています。本書を代行業者等の第三者に依頼してスキャンやデジタル化することはたとえ個人や家庭内の利用であっても著作権法上認められておりません。